放送大学叢書032

哲学の原点

ソクラテス・プラトン・アリストテレスの知恵の愛求としての哲学

哲学の原点　ソクラテス・プラトン・アリストテレスの知恵の愛求としての哲学　目次

哲学が古代ギリシャに始まったということ、「哲学」を意味する現代ヨーロッパ語（例えば、philosophy［英］、Philosophie［独］、philosophie［仏］）の語源はギリシャ語の *philosophia*[*1] であるということ、このギリシャ語の本来の意味は「知恵の愛求」であるということ、これらのことはよく知られていることであろう。しかし、その場合の「知恵」（*sophia*）とはどのような意味なのかを――したがってまた、古代ギリシャにおける「知恵の愛求」としての「哲学」とはどのようなものであったのかを――明確に知っている人は必ずしも多くはないだろう。そこで、本書では、古代ギリシャにおいてまさに「知恵の愛求」として始められた哲学の営みについて、それがどのようなものであったのかを具体的に示すことにしたい。

哲学史の書物を繙けば、たいていは、哲学の歴史を紀元前六世紀のイオニア（小アジアのエーゲ海沿岸地方）の哲学者タレースにまで遡っている。しかしながら、本書では、以下に述べるような理由によって、ソクラテス（紀元前四六九‐三九九）にまでしか遡らない。第一に、philosophia〔ラ〕という語は古くは学問全体を意味し、[*2]そこから自然科学を初めとする諸学問が独立して行って最後に残ったのが現在の哲学であるが、「ソクラテス以前の哲学者たち」（presocratic philosophers〔英〕、Vorsokratiker〔独〕）は主として自然について考察したので、[*3]彼らの哲学は自然学的である。[*4]もっとも、彼らの中にも、例えばピュタゴラス派やエンペドクレスのように宗教的あるいは倫理学的な問題を考察した人たちもおり、現代的な意味での「哲学者」がいなかったわけではないのかも知れない。しかしながら、第二に、そもそも「ソクラテス以前の哲学者たち」の書物は断片的にしか伝わっておらず、したがって我々は、仮に彼らに「哲学」があったとしても、それを体系的に知ることができない。それればかりではなく、第三に、ソクラテスが新たな局面を切り拓いたことも確かである。[*5]もっとも、ソクラテスも書物を書き残さなかったのであるが、我々はプラトンの作品からソクラテスの哲学を知ることができる。[*6]第四に、そもそも*sophia*というギリシャ語は、ソクラテス以前には「知恵の愛求」（＝「哲学」）における「知恵」という意味は持たなかった〔第一章註9参照〕。それゆえ、「知恵の愛求」という名に本当に値する最初の哲学者はソクラテスである。[*7]

以上に述べたような理由で、「知恵の愛求」という意味での「哲学」の創始者をソクラテスと見做すのは不当なことではないだろう。それゆえ、本書では最初にソクラテスを取り上げる(第一部)。だが、彼の哲学を後世に伝えたのはプラトン(紀元前四二七-三四七)であり、彼はソクラテスの哲学を継承し発展させるという大事業を成し遂げた。それゆえ、二番目にはプラトンを取り上げる(第二部)。そして三番目に、プラトンの哲学を批判的に継承し、「形而上学」(metaphysica)という新たな分野を切り拓いたアリストテレス(紀元前三八四-三二二)を取り上げる[*8](第三部)。ちなみに、アリストテレスの『形而上学』における造語とも言うべき「実体」と「属性」、「本質」と「付帯的属性」、「形相」と「質料」というような概念は、現代でも――ポジティヴにであれネガティヴにであれ――多くの哲学者たちに使用されている。また、アリストテレスの論理学に関しては、中世哲学に大きな影響を与え、カント(一七二四-一八〇四)に「論理学はアリストテレス以来まったく進歩していない」(『純粋理性批判』1781, B-VIII頁)と言わしめるほどに長期間にわたって大きな影響力を持った(ただし、現代論理学者たちの間ではまったく評価されていない)。

プラトン、アリストテレスのテキストの引用箇所の表示について一言説明しておくと、本書では、一般的慣習に従って、プラトンに関してはステファノス版の、アリストテレスに関してはベッカー版の、ページ付けに従う。なお、引用に際しては、基本的には、テキストを正確に訳すのではなく、文意が明確に伝わるように要約した。

ギリシャ語の固有名詞の表記法についても一言説明しておかなければならない。ギリシャ語の固有名詞は一般的には長音を無視して表記されるが、本書では、よく知られている名のみは一般的慣習に従い、その他は長音を表記した。

註

1 本書では、ギリシャ語はローマ字イタリック体で表記することにする。

2 ちなみに、ニュートン（一六四二―一七二七）の時代にもこの語はそのような意味を持っていたようで、彼の『プリンキピア』の原題は *Philosophiae naturalis principia mathematica*［ラ］で、意味は『自然科学の数学的原理』である。

3 彼らの多くは『自然について（*peri physeōs*）』という表題の著書を残している。

4 ただし、彼らの方法は、実験と数量化という現代の自然科学の基本的特徴を備えていないので、「自然科学的」とは言えないのであるが。

5 アリストテレスによれば、「ソクラテスの時代に自然研究は終り、哲学者の関心は実践道徳と政治思想に向けられた」（『動物部分論』642a28）。また、キケロ（紀元前一〇六‐四三）によれば、「ソクラテスが初めて哲学を天空から呼び降ろし、都市に根を下ろさせ、さらには家庭にまで導入し、生き方や道徳や善悪を問題とするように仕向けた」（『トゥスクルム談議』V4,10）。あるいは、「ソクラテスが初めて哲学を神秘的なことがらから呼び戻して社会生活へと差し向け、徳と悪徳、善と悪の問題に関わらせた」（『アカデミカ』I,iv,15）。

6 ちなみに、ソクラテスの哲学については、我々は哲学史の書物等からかなり詳しく知ることができるが、その情報源の大部分はプラトンの作品だと言っても過言ではない。

7 ピュタゴラス（紀元前五七〇頃－？）が、哲学者を、名誉を求める人および金銭欲の強い人と対比して、それぞれをオリンピック競技会の観戦者と競技者と商人に擬《なぞら》え、自らを哲学者と名乗ったという伝承があるが、この話はヘーラクレイデース（紀元前四世紀）がアカデーメイア派（プラトン学派）の考え方をピュタゴラスに帰したものだという解釈が有力である。

8 プラトンのイデア論が既に「形而上学」的な理論であるというのが一般的な理解であるが、私が思うに、プラトンのイデア論は認識に関する理論であり、他方、形而上学は存在論であるから、プラトンのイデア論を「形而上学」と理解するのは正当ではない。この点に関しては第三章で論じる。

第I部

ソクラテス

◉第一章

ソクラテスの「知恵」

『ソクラテスの弁明』

一　ソクラテス

ソクラテスは、周知のように、紀元前五世紀のアテーナイ（現在のアテネ）の哲学者であり、紀元前三九九年にメレートスという人物に告発されて裁判に掛けられ、死刑の判決を下されて処刑された。*1 彼の裁判を題材にして、プラトンは『ソクラテスの弁明』（以下、『弁明』と略記する）という作品を書いた。この作品は、ソクラテスが裁判において行った弁明の記録であるかのような体裁をとっているが、飽くまでプラトンの「作品」であり、「記録」ではない。*2 かと言って、『弁明』の内容はすべてプラトンの捏造（と言って悪ければ、創作）というわけでもない。それでは、『弁明』で描かれているソクラテスと歴史上のソクラテスの関係を、我々はどのように理解すればよいのだろうか。

プラトンの作品に登場するソクラテスをそのまま歴史上のソクラテスと同一視してよいかどうかは大きな問題であるが、プラトンの初期の作品に登場するソクラテスに関しては、歴史上のソクラテスをかなり正確に再現ないし模倣したものであるということが、プラトン研究者たちの間での言わば通説となっている。[*3] 実際、哲学史の書物等におけるソクラテスに関する記述は、そのほとんどがプラトンの作品、それも主として初期の作品に依拠している。他方、『弁明』は初期の作品であるということも、通説となっている。[*4] しかし、『弁明』は、先にも述べたように、プラトンの「作品」であって、「記録」ではない。したがって、プラトンは『弁明』において、歴史上のソクラテスを模倣し、彼が語りそうなことを語らせた、というふうに理解するのが妥当だと思われる。[*5] そこで、以下では、プラトンの『弁明』に描かれているソクラテスを歴史上のソクラテスと重ね合わせて、話を進めることにしよう。

プラトンの『弁明』に登場するソクラテスは、「メレートスの告発の背後には、長年にわたって私を告発してきた人たちが大勢いる」と言って、彼らを「最初の告発者たち」と呼び、最初に彼らに対する弁明を行なう（18a-24b）。その後、メレートスを相手に議論をして、彼の告発理由を比較的簡単に論駁《ろんばく》する（24b-28a）。それに続いて、言わば「自分の生き方についての弁明」を行なう（28a-34b）。そのソクラテスが語るところによれば、彼は自分自身のことも家庭のことも顧みずに哲学的な議論に没頭したため、たいそう貧乏だったということである（23b-c, 31b-c）。つまり、彼は文字通りの意味で哲学に明け暮れたのである。しかも、ソクラテスのそのような哲学活動が大勢の人たちの反感を買い、遂には告発される羽目に陥ったのであるが、それにも拘らず、ソクラテスは、「自分の生き方についての弁明」の条りで、「仮に陪審員たちから、哲学活動の放棄を条件に無罪放免を提案されたとしても、哲学活動を放棄する気は毛頭ない」とさえ言っている〔本章第二節の引用文（C）参照〕。それゆえ、ソクラテスは、無罪の判決を勝ち取ることよりも彼の哲学を貫き通すことを選び、その結果として死刑の判決を下された、と言っても過言ではないだろう。[*6] つまり、ソクラテスは、言わば「哲学に生き、哲学に殉じた」のである。言い換えれば、彼の生き方そのものが、死をも含めて、哲学の営みだったのである。だが、なぜソクラテスはそのような生き方を選んだのであろうか。この点について説明することが、プラトンが『弁明』を書いた主要な理由だったのであろう。

二　神から命じられた使命としての哲学（知恵の愛求）の営み

『弁明』の「最初の告発者たち」に対する弁明の条りで、ソクラテスは以下のような趣旨のことを語っている（20e-23c）。

（A）ソクラテスの友人のカイレフォーンという人物が、ある時デルフォイのアポローンの神殿に赴いて、「ソクラテスよりも知恵のある者（*sophos*）がいるか」という伺いを立てたところ、「一人もいない」という神託が下されたという。[*7] これを聞いたソクラテスは、自分に知恵があるとは思っていなかったので、最初は神託の意味を理解しかねた。しかし、やがて、世の中には自分より知恵のある人がいくらでもいるように思われたので、そのことを確認しようと思い立った。そこで、まず最初に、ある政治家を訪ね、彼と議論をした結果、彼は知恵があると多くの人々も彼自身も思っているのであるが、事実はそうではない、ということがわかった。そこで、ソクラテスは、彼には知恵はないということを彼自身に証明して見せようと試みた。その結果、彼からも、居合わせた多くの人たちからも、反感を買った。かくして、ソクラテスは次のような結論に達した。「彼〔政治家〕も私も善美[*8]を知らないという点では同じであるが、彼が本当は知らないのに知っているつもりでいるのに対して、私は知っているとは思っていない。この僅かな違い――すなわち、知らないことを知っていると思うか思わないかという違い――の分だけ、私の方が彼より知恵があると思われる」。その後、ソクラテスは、他の政治家たちや詩人たちや技術者たちを訪ねては同様の吟味を行ったが、結果はすべて同様であった[*9]。かくしてソクラテスは、神託の意味について、最終的に次のような理解に達した。「かの神託は、神こそが真の意味で知恵ある者であり、人間の知恵などというものは所詮取るに足りないものであるということを教えるために、『ソクラテスのように、自分は知恵に関しては取るに足りない者であると自覚している者が、人間たちのうちでは最も知恵ある者である』と言わんとしているのであろう」。その後もソクラテスは、知恵があると思われる者を探しては吟味し、実際には知恵がないとわかれば彼にそのことを示す、ということを続けてきた。そうすることが神への奉仕であると信じて。

また、「自己の生き方についての弁明」の条りで、ソクラテスは次のようなことを述べている（28e-29a）。

（B）神から命じられたと私には思われる役割、すなわち、知恵を愛求しつつ[*10]自己と他者を吟味するという役割を、死を恐れて放棄するとすれば、その時こそ、私は神の存在を信じていないと告発されて然るべきである。

さらに、ソクラテスは次のようなことも述べている（29c-30a）。

（C）仮にあなた方［陪審員たち］が、私が今後二度とこのような探究にも知恵の愛求にも従事しないという条件で私を無罪放免にすると言ったとすれば、私は次のように答えるだろう。「私はあなた方に好意を持っているが、あなた方よりもむしろ神に従い、生きている限り知恵を愛求し続け、あなた方には遭う人ごとに次のように勧告し続けるだろう。『金銭をできるだけ多く貯めるように気を配ったり、あるいは、名声や名誉に気を配ったりして、思慮や真理には、あるいは魂ができるだけ善いものになるようには、気を配らないで、恥ずかしくないのか』。そして、思慮と真理と魂に気を配っていると反論する人がいれば、その人を引き留めて質問し、吟味するだろう。……それが神の命ずるところだからである。」

引用文（A）から、次のようなことがわかる。ソクラテスは、デルフォイの神託をきっかけにして、知恵があると思われる人と議論をして知恵の吟味をし、彼に知恵がないと判明すれば、そのことを彼に証明してみせる、という活動を始めたが、やがてそのような活動を神への奉仕と考えるようになった。

引用文（B）からは、次のようなことがわかる。ソクラテスは、知恵を愛求しつつ自己と他者を吟味することを神から命じられた使命と考えて、これを実践した。

引用文（C）からは、次のようなことがわかる。ソクラテスは、第一に、自分自身が知恵を愛求し続けることを、第二に、他の人たちに「思慮と真理と魂に気を配る」よう勧告し続け、もし相手がそうしていると反論すれば相手を吟味することを、神から命じられた使命と考えて、実践した。

これらをまとめると、ソクラテスは、要するに、一方では知恵を愛求しつつ自己を吟味し続け、他方では議論を通して他者を吟味し続けたのであるが、それを神から命じられた使命だと信じていた、ということである。他者の吟味は、先の引用文によれば、二通りある。一つは、知恵があるかどうかの吟味であり、他は、「思慮と真理と魂に気を配っている」かどうかの吟味、言い換えれば、生き方の吟味である。それでは、自己の吟味に関しては、ソクラテスはそれをどのような仕方で行なったのであろうか。他者の吟味に対応する二通りの仕方で行なったのだろうか。少なくとも、ソクラテスは、自分には知恵がないということを知っていたのであるから、自己に関しては、知恵があるかどうかの吟味を行なったりはしなかったであろう。その代わりに、知恵を愛求したのである。他方、生き方の吟味に関しては、人間の考えや信念というものは変わりやすいものであるから[*11]、ソクラテスとても絶えず自己の生き方を吟味する必要があったであろう。

　だが、我々は先の引用文からもっと重要なことを読み取らなければならない。それは、ソクラテスが、人間は決して知恵ある者にはなれないと認めながら、だからと言って知恵のない状態に安住していてよいとは考えずに、知恵を愛求し続けた、ということである。これは、ソクラテスが成就不可能なことを、成就不可能と承知の上で、遂行し続けたということを意味する。言い換えれば、ソクラテスは到達不可能な、言わば無限の彼方にある目標である*sophia*（知恵）を目指して探究し続けたのである。これがソクラテスにとっての*philosophia*（知恵の愛求）だったのであり、[*12] 我々にとっての哲学（philosophy）の原点なのである。[*13]

ところで、ソクラテスは彼の活動を「神の命ずるところ」と性格づけているが、それは、たぶん、文字通りの意味で「神から命じられた」ということを意味するわけではないだろう。[*14] ソクラテスは、おそらく、神託をきっかけにして活動を始めたがゆえに、「神託から読みとった」というような意味で「神の命ずるところ」というような表現を用いたのであろう。あるいは、何かそれ以上の意味もあるのかも知れないが、ここでは、この問題にこれ以上立ち入る必要はないだろう。それよりはむしろ、ソクラテスは「知恵」をどのようなものと考えていたのかを考察する方が大事である。

三　ソクラテスの「知恵」概念

ソクラテスの考え方によれば、知恵を持っているのは神のみであり、知恵を持っている人間は現実には存在しないというだけでなく、いかなる人間も知恵を持ちえないということになる。これは、明らかに、当時のギリシャ人の常識に反するような考え方である。というのも、ソクラテスが吟味したのは「知恵があると多くの人々が思っている」人たちだったのであるから。しかしながら、そうだからと言って、ソクラテスか一般の人たちか、どちらか一方が間違っている、ということには必ずしもならない。むしろ、ソクラテスと一般の人たちとでは「知恵」ということばの意味の理解が異なる、と言うべきであろう。あるいは、ソクラテスに言わせれば、一般の人たちは「知恵」ということばの真の意味を理解していないということになるのかも知れない。

もっとも、そのような主張に対しては、一般の人たちは、「知恵」ということばの意味はみんながこのことばをどのような意味で用いているかによって決まっているのであり、したがって、このことばを使用する人は誰でも（あるいは、たいていの人は）その意味を理解している、と反論するかも知れない（このような反論には、たいていの現代人も同意するであろう）。このような意味での「ことばの意味」は、慣習（*nomos*［ノモス］）によって決まっている「意味」であり、国によって、あるいは社会によって、また時代によって――要するに、言語共同体が異なれば――異なるかも知れない。したがって、そのような「意味」は言語共同体に「相対的」に決まっている、と言うことができる。

それに対して、ソクラテスは、「自然」（*physis*［フュシス］）によって、言わば「絶対的」に決まっている、真の「意味」というものがある、というふうに考えるのである。[15]

「ノモス（慣習）説」と「フュシス（自然）説」とでも呼ぶべきこれら二つの考え方の対立は、単にことばの「意味」に関する対立では終らない。例えば「善い」「美しい」「正しい」などの価値語に関する両説の対立は、価値基準そのものについての対立でもある。そして、価値基準についての「ノモス（慣習）説」と「フュシス（自然）説」の対立、言い換えれば「相対」主義と「絶対」主義の対立は、まさにソフィストとソクラテスの間の基本的な考え方の対立だったのである。[16] この対立に関しては、現代人の大部分は、たぶん、「相対」主義に軍配を上げるだろう。だが、この問題もここではこれ以上立ち入らないことにしよう。というのも、我々にとって重要な問題は、ソクラテスは「知恵」ということばをどのような意味で用いているかということであるのだから。

ソクラテスが、彼の吟味した人たちを「知恵がない」と判断した根拠は、彼らが「善美」を知らないということであった。そこで、彼の言う「知恵」は、差し当たり、「善美についての知」と規定することができる。それでは、「善美」という表現によって、ソクラテスは何を意味しているのであろうか。

当時のギリシャにおいては、*kalos kagathos*[17]「美しく善い（善美を備えた）」という表現は、貴族社会において「立派で優秀」と認められた人に与えられる形容であった。つまり、この表現は、人間としての価値を表すものだったのである。ソクラテスは、当然、このような意味を念頭に置いていたであろう。他方、彼は、先に引用した条り（C）において、「いかに生きるべきか」という問題を「何に価値を置くべきか」という観点から考え、金銭や名誉・名声ではなく、魂の善さに最も価値を置くべきだと主張している（29d-30a）。「魂の善さ」とは徳のことである。[18] 以上のことから判断して、ソクラテスの言う「善美」とは、倫理的・道徳的な意味で最も価値あるもの、要するに徳（あるいは、人間としての善さ）、と理解してよいだろう。そうすると、ソクラテスの吟味を受けた人たちは、徳について、本当は知ってはいないのに知っているつもりでいた、ということになるだろう。実際、プラトンの初期のいくつかの対話篇においては、例えば勇気、節度、敬虔などのさまざまな徳、あるいは徳そのものについて、ソクラテスが「何であるか」と問い、相手が知っているつもりで答えると、その答をソクラテスが論駁する、という議論が描かれている。

そうすると、さまざまな徳について、あるいはまた、徳そのものについて、「何であるか」を知っていることが知恵であるということになるだろう。そうだとすれば、しかし、そのようなことを知ることはいかなる人間にとっても不可能であるとも思えないから、人間も知恵を持ちうるということになるように思われる。だが、ソクラテスはこのことを断固否定している。なぜか。それは、ソクラテスが「善美」や「徳」ということばを特殊な意味で用いているからというよりは、むしろ「知っている」ということばを特殊な意味で用いているからである、と理解すべきだろう。ちなみに、ソクラテスは「徳は知なり」と考えていた。それは、有徳な人は徳の「何であるか」を知っているという意味であり、より具体的には、例えば勇敢な人は勇気の「何であるか」を知っており、節度ある人は節度の「何であるか」を知っているという意味である。だが、我々には、徳の「何であるか」を知っている者が有徳であるとは限らないように思われる。例えば、どのような行為が勇敢な行為であるかはわかっているのだが、そのような行為に踏み切れない、というような経験は誰にでもあるだろう。したがって、勇気の「何であるか」を知っている者が勇敢であるとは限らない。あるいはまた、どのような行為が節度ある行為であるかはわかっているのだが、節度のない行為に走ってしまう、というような経験も誰にでもあるだろう。したがって、節度の「何であるか」を知っている者に節度があるとは限らない。だが、この点でソクラテスと我々の考え方が食い違うのもまた、ソクラテスが「知っている」ということばを特殊な意味で用いているからなのである。

それでは、ソクラテスは「知っている」ということばをどのような意味で用いているのであろうか。第一に、ソクラテスは、例えば勇気の「何であるか」を知っている人は、勇気の定義を与えることができなければならない、というふうに考えている。この基準に照らせば、勇敢な行為に踏み切れない人が勇気の定義を知っているかどうかは怪しくなってくる。というのも、たいていの人は、「勇敢な行為とはどのような行為であるか」と問われれば、勇敢な行為の例を挙げることはできるであろうが、「勇気とは何であるか」と問われると、即座に勇気の定義を与えることはできないであろうから。だが、仮に定義を与えることができる人がいたとしても、ソクラテスは、彼は「知っている」と直ちに認めるわけではない。ソクラテスは、まず彼の定義の論駁を試み、もし彼が論駁されたならば、彼は「知っている」とは認めないのである。したがって、第二に、ソクラテスは、例えば勇気の「何であるか」を知っている人は、勇気の定義を与えることができるだけでなく、その定義を論駁されてはならない、というふうに考えていることになる。これは極めて厳しい条件である。しかも、プラトンの対話篇から知りうる限りでは、ソクラテスの論駁を切り抜けた人は一人もいないようであるから、彼に論駁されないような定義を提示するのは不可能ではないかとも思える。プラトンが、『弁明』において、「神こそが真の意味で知恵ある者であり、人間の知恵など取るに足りない」とソクラテスに語らせたのも、論駁されえない定義を提示することなど誰にもできない、という考え方が背後にあったからかも知れない。

それでは、どんな定義も論駁してしまうソクラテスの論駁法は、いったいどのようなものだったのであろうか。プラトンの初期対話篇が、それを見事に描き出している。そこで、次章において、プラトンの初期対話篇におけるソクラテスの論駁法を検討することにしよう。

註

1　メレートスの告発理由は、プラトンの『ソクラテスの弁明』によれば、「青年たちを堕落させ、国家の信じる神々を信じず、別の新しいダイモニオンたちを信じた」（24b-c）というものである（ちなみに、プラトンとほぼ同時代のクセノフォン〔紀元前四二七頃－三五四頃〕も、

『ソクラテスの想い出』の冒頭に同じ趣旨の告発理由を掲げている）。「ダイモニオン」とは神よりは劣る神的存在者を指す名称である。告発者がこの名称を用いたのはそれが国家公認の神ではないという理由によるのかも知れないが、ソクラテスはしばしば「ダイモニオンの声」なるものを聞いてその命令に従ったと言っていたからかも知れない（この「ダイモニオンの声」の話は、プラトンだけでなくクセノフォンにも言及があるので、たぶん、歴史上のソクラテスが実際に言っていたことなのであろう）。なお、メレートスの背後には真の告発者たちがいて、先の告発理由は告発者たちが飽くまで表向きに掲げた理由であり、その背後には政治的動機が絡んでいた、という見方も有力である。だが、ここではこの問題に立ち入る必要はないだろう。

2　被告のソクラテスが自ら弁明を行っている点に虚構の疑いを懐《いだ》く人があるかも知れないが、当時のギリシャには弁護士制度がなく、被告が自ら弁明するのが普通だったそうである。

3　それゆえ、プラトンの初期の作品は「ソクラテス的対話篇」（Socratic dialogues）と呼ばれる。

4　プラトンの個々の作品がいつ執筆されたかは不明である。そればかりか、どういう順番で執筆されたかも判然としない。しかし、プラトンの全作品は初期・中期・後期の三つのグループに分けられるという点と、個々の作品がどのグループに属するかという点に関しては、現在では、プラトン研究者たちの間でほぼ共通了解が成立している。

5　このような解釈にもそれなりの裏づけがあるので、その点について一言説明しておこう。アリストテレスの『詩学』（*Poetica*）によれば、模倣芸術（*mimēsis*［ミーメーシス］）の一ジャンルとして「ソクラテス文学」(*Sōkratikoi logoi*)とでも言うべきジャンルがあったということである(1447b11)。プラトンの『弁明』もこのジャンルに属するものと見做してよいだろう。また、プラトン以前に、トゥキュディデス(紀元前四六〇頃-四〇〇頃)が、『戦史』に演説を採録する際に、当人が語りそうなことを内容とする演説を自分で作成するという手法を採ったと断っている(I,22,1)。プラトンの『弁明』も同様の手法によって書かれたものと見做してよいだろう。ただし、プラトンは彼の目を通して見、彼が理解した限りのソクラテスを模倣したのであろうが、ソクラテスを理想的な哲学者として描いているように思われる。とはいえ、ソクラテスがプラトン以外にも多くの人たちに大きな影響を与えたことと、「ソクラテス文学」と呼ぶべきジャンルを形成するほどの作品群が存在したことを考え併せるならば、ソクラテスがどれほど偉大な哲学者であったかは想像に難くない。したがって、おそらく、プラトンが描くソクラテスは実際のソクラテスとそれほど懸け離れてはいないのだろう。

6

クセノフォンにも『ソクラテスの弁明』という題名の作品があるが、その冒頭で彼は「ソクラテスは[弁明をする際に]尊大な語り方をしたと誰もが書いているから、事実そうだったのだろう」と述べ(彼は、ソクラテス裁判の時には外国に滞在していたので、人から得た情報に基づいて作品を書いたそうである)、その理由を「耄碌《もうろく》しないうちに死んだ方がよいと考えたから」だと説明している。つまり、クセノフォンは、ソクラテスが意図的に死刑の判決を招くような弁明を行なったと判断したのである。彼の判断および理由説明が正しいかどうかは問題であるが、ソクラテスが死刑の判決を下されてもおかしくないような弁明を行ったということは事実と見做してよいだろう。

7　クセノフォンの『ソクラテスの弁明』も同様の話を伝えているので、これは歴史的事実なのであろう。ただし、クセノフォンの伝える神託の内容は「ソクラテスより自由で、正しく、節度ある人間は一人もいない」というものである（第十四節）。神託の内容に関しては、クセノフォンの方が真実を伝えているということは十分にありうる。しかし、仮にそうだとしても、と言うより、そうだとすればなおさらのこと、プラトンはソクラテスを理想的な哲学者（知恵を愛求する者）として描こうとしていたのであり、それこそがプラトンに大きな影響を与えたソクラテスである、ということになるだろう。

8　*kalon kagathon* : *kalon kai agathon* の約《つづま》った形で、文字通りの意味は「美しくかつ善いもの」であるが、この表現は具体的なものだけではなく抽象的なもの（「美と善」）も意味しうる。ここでは抽象的な意味で用いられているので、「善美」と訳した。なお、ギリシャ語の *kalon* には、感覚的（特に、視覚的）に「美しい」という意味だけでなく、倫理的・道徳的に「賞賛すべき」という意味もあり、先の表現においては後者の意味で用いられている。ちなみに、日本語で「美しい行為」と言えば「人を感動させるような行為」を意味し、「美しい」は情緒的な意味を持つが、ギリシャ語で「美しい行為」と言われるのは人々が賞賛する立派な行為であり、「美しい」は倫理的・道徳的意味を持つ。

9　なぜ詩人や技術者が知恵の吟味の対象に選ばれたのか、という疑問を懐く人がいるかも知れないので、一言説明するならば、*sophos* という形容は、文献学的研究によれば、古くは技術者や詩人に冠せられたということである。もっとも、その場合は、この語は「知恵がある」という意味というよりは「優れた技術を持っている」というような意味だったのであるが。Cf. B. Snell, *Die Ausdrücke für den Begriff des Wissens in der vorplatonischen*

Philosophie, Berlin, 1924.

10 *philosophein* : *philosophia* の動詞形。したがって、「哲学する」と訳すこともできる。

11 ちなみに、プラトンは『メノーン』において、ソクラテスに次のように語らせている（98a）。「真なるドクサ［考えあるいは信念］は、魂のうちにいつまでも留まるものではなく、時が経つと逃げ出してしまうので、それを原因あるいは根拠についての論理的思考（*aitias logismos*）によって縛るまでは、大した価値はない。しかし、ひとたび縛られるとエピステーメーとなり、魂のうちに定着する」。このことと、ソクラテスは知恵（＝エピステーメー）を持っていなかったということから、ソクラテスの考えや信念も変わりうるものであったということになるだろう。

12 ちなみに、プラトンの後期（あるいは中期という説もある）の作品『パイドロス』の中に「‘*sophos*（知恵ある者）’という名に相応しいのは神のみであり、人間に相応しいのは‘*philosophos*（知恵を愛求する者）’という名である」という科白があるが（278d）、このことはプラトンがソクラテスの考え方を受け継いでいることを示していると思われる。というのも、中期・後期の作品ではプラトン自身の考えが述べられているというのが、定説とも言うべき一般的解釈であるから。

13 哲学の原点であるソクラテスの *philosophia* は倫理学であった、ということが以上の論述から理解されるであろう。

14 ソクラテスはしばしば「ダイモニオンの声」を聞いたと言っている。それは何か神的なお告げだったのかも知れないが、ソクラテスは「それは、私が何かをしようとするのを思い留まらせるが、何かをするように促すことは決してない」とも言っているので『弁明』

31c-d)、「神の命ずるところ」という言い方は文字通りの意味に解すべきではないだろう。

15 以上の説明は、プラトンの『クラテュロス』における議論を参考にしたものである。

16 有名なソフィストのプロタゴラス（紀元前四九〇頃-四二〇頃）の、「人間は万物の尺度である」という言葉は、「相対」主義を簡潔に言い表したものである。ちなみに、プラトンは、『法律』において、この言葉をもじって、「神が万物の尺度である」と言っている（第四巻716c）。

17 *kalos kagathos* は *kalos kai agathos* の約まった形である（*kai* は英語の and に当たる接続詞）。ちなみに、*kalos* は倫理的・道徳的な意味で「人々によいと評価される」ということを意味し［註8参照］、*agathos* は「それ自身において善い」ということを意味する。

18 ちなみに、「徳」を意味するギリシャ語 *aretē* は、「善い」という意味の形容詞 *agathos* の抽象名詞である。それゆえ、*aretē* は、「徳」と訳すよりは「善さ」と訳し、「人間としての善さ」を意味すると理解した方がよいかも知れない。日本語の「徳」という語には独特のニュアンスが伴うということを考慮すれば、なおさらのことである。

第二章

ソクラテスのエレンコス　プラトン初期対話篇

一　ソクラテスの論駁法

プラトンの初期対話篇の多くは、ソクラテスのエレンコス（*elenchos*［論駁］）が主要な部分を占めている。ソクラテスの論駁のやり方には、次のような一定のパターンがある。

①ソクラテスが問題を提起する。

②相手が答を提示する。——この答を「A」と呼ぶことにする。

③ソクラテスが何か別のことを問い、相手が答える。[*1]——ソクラテスの問は、したがってまた相手の答も、二つ以上の場合もあるが、相手の答の総体を「B」

と呼ぶことにする。

④ソクラテスが、AとBの間に矛盾があることを示し、相手はAが間違いであることを認める。

議論はたいていはこれでは終らず、相手が①の問題に対してAとは別の答を提示し、それをソクラテスが③④の手順を踏んで論駁する、ということが繰り返される。

(1)問題点1

この論駁法には重大な問題点がある。それは、AとBの間に矛盾がある場合にはB(の一部)の方が間違いであるという可能性もあるのに、Aが間違いであるという結論が下される点である。[*2] 歴史上のソクラテスが実際に行なった論駁に際しては、ソクラテスがAが間違いであるという結論を下すと、相手は、ソクラテスは正解を知っているのだと思って、Aを間違いと認める、というようなことは事実としてあったのかも知れない。[*3] しかし、プラトンの作品に登場するソクラテスは、議論の過程で、しばしば、自分は正解を知らないと主張するし、『弁明』によれば、彼は自分が「知恵ある者」でないということを自覚していたはずである。そうだとすれば、ソクラテス自身もAとB（の一部）のどちらが間違いなのかを知らないはずではないか。それにも拘らずソクラテスが、相手の誤った思いこみを利用して、見せかけの論駁を行っているとは思えないし、そのようなやり方は「知恵の愛求」を標榜する人間におよそ相応しくない。それでは、なぜソクラテスはAが間違いだと断定することができたのだろうか。この問題に関しては、我々は、プラトンの作品からも他の文献からも、答を知ることはできないし、これは現代のソクラテス研究の大問題であるから、簡単に答えることはできないが、私は、ソクラテスが行なった論駁の大部分に関しては、以下のように理解すべきであろうと考える。

ソクラテスは、いつでも、相手の承認を取り付けつつ議論を進める。結論についても同様で、Aが間違いであるということは、ソクラテスが主張するわけではなく、相手が承認するのである。前章でも述べたように、ソクラテスの議論の目的は相手を吟味することにあるのである。このように理解すれば、ソクラテスは、相手を論駁する際に、自分は知恵がないという主張と矛盾することを行なっていることにはならない。しかしながら、このような説明では済まされないような事例もある。そのような事例を次に取り上げよう。

（2）問題点2

『ゴルギアス』において、ソクラテスは、後述するように、ゴルギアスの弟子ポーロスを相手に、「不正を為す方が不正を被るより善い（得な）ことである」というポーロスの主張と「不正を為した場合は、罰を免れる方が罰を受けるより善い（得な）ことである」という同じくポーロスの主張を論駁するが、それだけではなく、「不正を為す方が不正を被るより悪いことである」ということと「不正を為した場合は、罰を免れる方が罰を受けるより悪いことである」ということを知っているかの如く主張しているように思われる（475e, 479e）。そうだとすれば、『ゴルギアス』のソクラテスと『弁明』のソクラテスは矛盾したことを言っていることになるのではないだろうか。[*4]

だが、なぜ『ゴルギアス』のソクラテスと『弁明』のソクラテスは整合的でなければならないのか。仮に両対話篇のソクラテスが主張することは歴史上のソクラテスが主張したことを正確に伝えているとすれば、両対話篇のソクラテスは整合的でなければならないかも知れない。だが、前章でも述べたように、プラトンの対話篇に登場するソクラテスはプラトンが歴史上のソクラテスを模倣したものであるとすれば、法廷での弁明と弁論家の卵（ポーロス）相手の論駁というはなはだ異なる文脈で、ソクラテスに少々矛盾したことを言わせたとしても、許容できないことではないのではないだろうか。もっとも、歴史上のソクラテスを模倣する以上、飽くまで整合的に模倣すべきであるし、プラトンならそれができたはずである、というふうに考えることもできる。だが、もし『弁明』のソクラテスの「知恵がない」という主張も、『ゴルギアス』のソクラテスの知っているかの如き主張も、歴史上のソクラテスの主張であったとすればどうだろう。もしそうだとすれば、ソクラテスの言うことを額面通りに受け取ってよいかどうかが、まず問題になるだろう。そして、仮に額面通りに受け取るべきだとすれば、プラトンは歴史上のソクラテスに関する不可解な事実をそのまま作品中で描いている、という可能性も考えられる。

　おそらく、プラトンは歴史上のソクラテスを完全に理解していたわけではなく、彼にとってもソクラテスには謎とも言うべき不可解な点があったのだろう。[*5] そして、その謎を解明したいという欲求が彼を哲学へと駆り立て、かつ彼の哲学の導きの糸ともなったのであろう。例えば、『弁明』は、あれほど議論に長けたソクラテスの弁明が無罪の判決を勝ち取ることができなかった謎を解明する試みと見ることができるし、『パイドーン』は、ソクラテスが死に臨んで何の恐れも懐かず平然としていられた謎を解明する試みと見ることができる。[*6] そうだとすれば、プラトンの描くソクラテスが矛盾したことを――あるいは、少なくとも我々には矛盾と見えることを――主張しているとしても、不思議ではない。なぜなら、それがプラトンから見たソクラテスのありのままの姿だったのであり、プラトン自身にとっても不可解な謎であったのだから。そうすると、ソクラテスが提起したさまざまな問題はプラトン自身が解決すべき問題でもあった、ということにもなるだろう。そうだとすれば、プラトンの哲学的探究はソクラテスの提起した問題を解決するための探究だったということになるだろう。ちなみに、イデア論は、ソクラテスが提起した問題を解決するための一つの方策と見做すことができる。だが、この点に関する説明は、少し先送りすることにしよう。

二　エレンコスの具体例1――ソクラテス的エレンコス

ソクラテスがエレンコスを行なうに当たって提起する問題はさまざまであるが、それらは二つのタイプに大別することができる。一つは、(I) 倫理的概念(例えば勇気、節度、正義、徳、美など）について、「何であるか」を、言い換えれば定義を、問う問題提起であり、他は、（Ⅱ）それ以外の――あるいは、ごく大雑把に一般化すれば、「SはPであるか」という形式の――問題提起である（例えば、「不正は得か」）。まずは（Ⅱ）のタイプの、極めて「ソクラテス的」と言うべき、[*7]興味深いエレンコスの例を一つ紹介しよう。

『ゴルギアス』において、ソクラテスは、ゴルギアスの弟子のポーロスを相手に、彼の二つの主張を論駁する。すなわち、まず、「不正を為す方が不正を被るより善い（得な）ことである」という主張を論駁し、次に、「不正を為したならば、罰を免れる方が罰を受けるよりも善い（得な）ことである」という主張を論駁する。それぞれの論駁を以下で紹介しよう。

［1］「不正を為す方が不正を被るより善い（得な）ことである」

この主張に関しては、ソクラテスは、まずポーロスに以下のことを認めさせる。

①不正を為すことは不正を被ることより醜いことである。[*8]

②美しいものは、有用であるか、快を感じさせるか、あるいはその両方である。
③醜いものは、有害であるか、苦痛を感じさせるか、あるいはその両方である。
④二つのもののうちの一方が他方より美しいならば、前者は、快か有用性かあるいはその両方において、後者に勝《まさ》っている。
⑤二つのもののうちの一方が他方より醜いならば、前者は、苦痛か悪［有害性］かあるいはその両方において、後者に勝っている。

以上のことを前提として、ソクラテスは次のような結論を導出する。

⑥不正を為すことは不正を被ることより醜いのであるから、前者は後者より大きい苦痛を感じさせるか、より悪い［有害である］か、あるいはその両方である。しかるに、不正を被る方が不正を為すより苦痛が大きい。それゆえ、不正を為すことは不正を被ることより悪い［有害である］。（以上、474c-476a）

この議論は論理的には非の打ち所のない議論のように見えるが、どこか変だと誰もが感じるのではないだろうか。それでは、どこに問題があるのだろうか。私なりに問題点を指摘してみよう。

まず、②は曖昧である。「美しい」行為とは「賞賛されるべき」行為であるから〔第一章註8参照〕、例えば誰かのために我が身を犠牲にして苦痛に耐え忍ぶような行為が人々から賞賛される「美しい」行為である場合がある。そのような行為は、行為する当人にとっては有用でも快を感じさせるものでもないであろう。したがって、②は「美しいものは、他者にとって有用であるか、見る人（他者）に快を感じさせるか、あるいはその両方である」という意味でなければならない。そうすると、③も、「醜いものは、他者にとって有害であるか、見る人（他者）に苦痛を感じさせるか、あるいはその両方である」という意味でなければならない。というのも、人が敢えて醜い行為をするのは、自分に有用であるか、快を感じるか、あるいはその両方であるがゆえであるから。このように「有用」「有害」「快」「苦痛」が誰にとってのものであるのかを明確にすると、⑥の最初の文は次のようになる。

不正を為すことは不正を被ることより醜いのであるから、前者は後者と比べて、他者により大きい苦痛を感じさせるか、他者にとってより悪い［有害である］か、あるいはその両方である。

また、二番目の文は次のようになる。

不正を被る方が不正を為すより、当人にとっては苦痛が大きい。

そうすると、⑥の結論は「不正を為すことは不正を被ることより当人にとってより悪い［有害である］」という意味でなければならないが、このような結論は帰結しないことは明らかである。それゆえ、先の議論は誤った議論だということになる。

［2］「罰を免れる方が罰を受けるよりも善い（得な）ことである」

この主張に関しては、ソクラテスは、まずポーロスに以下のことを認めさせる。

⑦罰を受けるとは、不正を為した者が正しく［正義に則って］懲らしめられることで

である。

⑧したがって、罰する者は正しいことを為し、罰を受ける者は正しいことを被る。

これらのことと、ポーロスが既に認めたことを前提として、ソクラテスは次のような結論を導出する。

⑨正しいものは美しいものであり、美しいものは快いか有用であるが、罰を受けることは快いことではないから、罰を受ける者は有用なこと、善いことを被る。

（以上、476a-477a）

この議論も、詳論は省くが、「快」「有用」が誰にとってのものであるかを明確にすれば、先の第一の論駁の⑥と同様の問題があることが明らかになる。

以上で、「ソクラテス的」なエレンコスの一例を紹介するとともに、私なりに問題点を指摘したのであるが、ソクラテス（あるいはむしろプラトン）が私の指摘に同意するかどうかはわからない。しかし、いずれにせよ、「美」と「醜」、「快」と「苦」、「有用」と「有害」、「善」と「悪」ということばが、明確に定義されることなく、普通の人の普通の理解に頼って使用されている点に問題があるということは、まず間違いないだろう。そこで、この議論が正しいかどうかを判定するためには、これらのことばの意味を明確にする必要がある。それは（I）のタイプの議論によって為されるべきことである。したがって、（I）のタイプの議論の方が（II）のタイプの議論より根源的な問題に関わっているのである。そこで、（II）のタイプの議論についての考察はこれくらいにして、次に（I）のタイプの議論を取り上げることにしよう。

三　エレンコスの具体例2——定義の論駁

倫理的概念について「何であるか」（定義）を論じる議論を主題とする代表的な対話篇としては、『ラケース』（勇気について）、『カルミデース』（節度について）、『ヒッピアース・大』（美について）、『エウテュプローン』（敬虔について）、『メノーン』（徳について）がある。ここでは、まず『ラケース』における議論を取り上げることにしよう。

『ラケース』においては、ソクラテスは「勇気とは何であるか」という問題を提起する。対話相手の提示する答とソクラテスのエレンコスの概略は以下のようなものである。

（a）ラケースが「戦列に踏み留まって敵を防ぎ、逃げ出さない人が勇敢である」という答を提示する。――これに対してソクラテスは、逃げながら勇敢に戦う者もいるし、戦場以外で勇敢な者もいるということをラケースに認めさせ、すべての勇敢な人が共通に持っている勇気が何であるかを問うているのだと説明する。

（190e-191e）

ソクラテスは、第一に、ラケースの答はすべての勇敢な人に当てはまるわけではないと批判している。言い換えれば、ラケースの答は外延的に狭すぎるということである。第二に、問われているのは「勇気」なのに、「勇敢な人」の規定を述べている点を批判している。[*9]

（b）ラケースは、第二の答として、「忍耐」という答を提示する。――これに対してソクラテスは、勇気は賞賛すべきものであるが、無思慮な忍耐は賞賛すべきものではないということをラケースに認めさせ、無思慮な忍耐は勇気ではないと反論する。（192b-d）

要するに、あらゆる忍耐が勇気というわけではないのだから、忍耐は勇気の十分条件ではないということ、言い換えれば、ラケースの答は外延的に広すぎるということである。

（c）ラケースは、第二の答を「思慮ある忍耐」と修正する。――これに対してソクラテスは、例えば戦争において、やがて援軍が来て味方の勢力が敵の勢力に勝るであろうと計算した上で耐える者のように、思慮をもって身の安全を計算した上で耐える者よりも、そのような思慮なしに耐える者の方が勇敢であるということをラケースに認めさせ、「無思慮な忍耐」が勇気であるという結論を導き出す。（192d-193d） （b）（c）の議論を見ると、ソクラテス自身が、一方では無思慮な忍耐は勇気ではないと論じ、他方では無思慮な忍耐が勇気であると論じ、矛盾したことを主張しているように見える。だが、そうではない。これらの結論はいずれもラケースの承認した前提から導き出されたものであり、問題はラケースの側にあるのである。より正確に言えば、（b）の議論と（c）の議論では「思慮」ということばがまったく同じ意味ではないのに、ラケースがそのことに気づいていない、という点が問題なのである。それは、彼が「思慮」ということばを正確に理解してはいない、言い換えれば、彼は思慮とは「何であるか」を知らないということであり、要するに、彼は、思慮および勇気に関して「知恵がない」がゆえに論駁されてしまったのである。つまり、ソクラテスのエレンコスは、ラケースの知恵の吟味という意味を持っているのである。

（d）次に、相手が代わって、ニーキアースが、「恐れるべきことと恐れるべきでないことについての知」という答を提示する。[*10]——これに対してソクラテスは、まずニーキアースに次のことを承認させる。①勇気は徳の一部であるということ、②恐れるべきことと恐れるべきでないことは未来の悪しきことと善いことであるということ、③過去の善悪についての知、現在の善悪についての知、未来の善悪についての知は別々の知ではないということ。そして、ソクラテスは、ニーキアースの答は「善悪についての知」と言い換えることができ、それは徳全体の定義に他ならない、と反論する。（194e-199b）

要するに、ニーキアースの答は勇気の十分条件ではないということ、言い換えれば、外延的に広すぎるということである。

以上のことから、まずは次のようなことが言えるだろう。すなわち、ソクラテスが求めているものは、あらゆる勇気に妥当し、勇気以外のものには決して妥当しないような定義、言い換えれば、勇気の必要十分条件を満たす定義である。

先述のような条件を満たす定義にも、二つの種類が考えられる。一つは、勇気のあらゆる事例と外延的に一致する定義（外延的定義）であり、他は、勇気の本質の定義（内包的定義、あるいは本質的定義）である。後者は、外延の一致という条件も満たすはずであるから、前者よりも厳しい条件を満たすことになる。それはともかくとして、差し当たっては、ソクラテスはどちらの定義を要求しているのかという点を見極めておこう。

結論を先に言ってしまえば、彼は本質の定義を要求していると思われる。そのことは、『エウテュプローン』における議論から読み取ることができる。

四　本質と属性の区別について

『エウテュプローン』においてソクラテスが提起する問題は「敬虔とは何か」である。この問題に対してエウテュプローンはいくつかの答を提示し、それらは次々に論駁されるのであるが、ここでは、エウテュプローンの第三の答（「すべての神の愛すること」）に対するソクラテスのエレンコスを取り上げる。[*11] ソクラテスは第三の答を、敬虔と外延的に一致するということは認めた上で、以下のように論駁する（9e-11b）。

敬虔なことは、敬虔なことであるがゆえに神々に愛されるのであり、神々に愛されるがゆえに敬虔なことであるというわけではない。他方、神の愛することは、神々に愛されるがゆえに神の愛することなのであり、神の愛することであるがゆえに神々に愛されるというわけではない。それゆえ――つまり、敬虔なことであるがゆえに神々に愛され、神々に愛されるがゆえに神の愛することであるのだから――敬虔なことと神の愛することとは同じことではない。要するに、神の愛することというのは、敬虔なことの本質（*ousia*）ではなく、受動的属性（*pathos*）に過ぎないのである。[*12]

この議論は、ソクラテスの求めている定義は、外延的定義ではなく、本質的定義であるということを明瞭に示している。それでは、ソクラテスが言うように、人間は知恵ある者にはなりえないのだとすれば、本質的定義は人間には知りえないものだということになるのだろうか。そうだとすれば――定義というものはいくつかの単語の組み合わせであるから――本質を定義する正しい単語の組み合わせは人間には知りえないということになるのだろうか。それは我々には信じ難い、あるいはむしろ理解し難いことである。それでは、本質を定義する正しい単語の組み合わせはそもそも存在しないのであろうか。そうだとすれば、本質的定義などというものはありえないことになり、ソクラテスはありえないものを問い求めていることになる。だが、定義されえない本質とはいったいどのようなものなのであろうか。この点も、我々には理解し難い。おそらく、プラトンにも理解し難いことだったのであろう。というのも、彼は、後に、定義の対象としての本質を取り敢えず「イデア」と呼び、我々はイデアをどのようにして知ることができるかという問題に取り組むことになるからである。
さて、ソクラテスが問い求めているものを理解する上で、本質的定義と外延的定義を区別するのは有意義なことであったが、「具体的なもの」と「抽象的なもの」を区別することも重要である。そのような区別は『ヒッピアース・大』において論じられている。そこで、最後にその議論を取り上げることにしよう。

五　具体的なものと抽象的なものの区別について

『ヒッピアース・大』においては、ソクラテスは「美とは何であるか」という問題を提起する。彼は、最初に、この問題を次のように説明する（287c-d）。

正しい者は正義によって正しい者である。したがって、正義というものがある。また、知恵ある者は知恵によって知恵ある者であり、善いものは善によって善いものであり、したがって、知恵というものと善というものがある。同様に、美しいものは美によって美しいものであり、したがって美というものがある。それでは、その美とは何か。

これを聞いたヒッピアースは、ソクラテスが問題にしているのは「何が美しい（ものである）か」（*ti esti kalon;* = What is beautiful?）ということか、と確認する。ソクラテスは、そうではなくて、「美とは何であるか」（*ti esti to kalon;* = What is the beautiful?）である、と答える。だが、ヒッピアースは、これら二つの問の違いが理解できないのである。先のように日本語に翻訳してしまえばこれらの問の違いは明らかであるが、ギリシャ語では *kalon*（beautiful）に定冠詞 *to*（the）がついているか否かの僅かな違いである。とはいえ、この違いは、ソクラテスの問においては *to kalon*（the beautiful）が主語であるのに対して、ヒッピアースの問においては *ti*（what）が主語であるという構文の違いを示すものであり、この違いはギリシャ人なら誰でもわかることである。それにも拘らずヒッピアースが二つの問を区別できないのは、なぜだろうか。それは、*to kalon* という表現の曖昧さによる。この表現は、「美しいもの」という具体的な意味と「美」という抽象的な意味を表しうる。したがって、ソクラテスの問も「美しいものは何か」という意味にも「美とは何か」という意味にも解することができ、前者はヒッピアースの問のように言い換えることもできるのである。だが、ヒッピアースがこのことを知っていたとすれば、最初はソクラテスの問を「美しいものは何か」という意味に理解したとしても、その理解が正しくないとソクラテスに指摘されれば、「美とは何か」という意味に理解すべきだということにすぐに気づくはずではないだろうか。

このように考えると、ヒッピアースが二つの問を区別できなかった理由は明らかである。すなわち、彼は「美」という抽象的な意味を理解することができなかったのである。「そんな馬鹿な」とたいていの人は思うかも知れないが、抽象的なものを理解することは必ずしも容易なことではなく、それを表す抽象名詞を持たない人たちにそれを理解することを期待する方が無理な注文ではないだろうか。[*13]それればかりか、「美」という抽象名詞を知っている我々も、抽象的な美というものを本当に理解しているかどうかは疑問である。それはともかくとして、ソクラテスは抽象的なものを理解し、そのようなものの定義を相手に問い求めたのであり、そのことを理解したプラトンが、後に抽象的なものに「イデア」という名を与えたのであろう。ただし、プラトンのイデアは単に抽象的なものと規定されるような単純なものではなく、他にもいろいろな性格を持っている。ただし、それは、プラトンがイデア論を考案した当初にはイデアにさまざまな性格を（彼自身がそれらを明確に区別することなく）担わせたということであって、彼の哲学的発展とともにイデアの性格が次第に明確になって行くのである。このことは第二部で詳しく説明することにしよう。

註

1 ただし、この場合は、ソクラテスが提示した考え方に相手が同意するかどうかを確認することが多い。

2 この問題点はギリシャ哲学の分析哲学的研究者ヴラストスによって指摘され、現代のソクラテス研究の重要な争点となっている。Cf. G. Vlastos, 'The Socratic Elenchus', *Oxford Studies in Ancient Philosophy* 1, 1983.

3 『弁明』によれば、ソクラテスの議論を聞いた人たちは、彼が他の人を論駁できるのは問題のことがらに関して知恵があるからだと考えた、ということである（23a）。

4 この点が、ヴラストスが着目し重視した大きな問題点である。

5 ちなみに、ソクラテスが処刑されたのはプラトンが僅か二十八歳ぐらいの頃であり、彼がソクラテスを完全に理解したと見做す方がむしろ不自然である。

6 『パイドーン』において、ソクラテスは、死を恐れない理由を次のように説明する。身体は真理探究の妨げになるものであり、魂が身体から解き放たれない限り真理を知ることはできない。言い換えれば、死後の魂こそが、彼が生涯やまず愛求し続けた知恵を獲得しうるのである。それゆえ、彼は死を恐れるどころか、むしろ歓迎する。――このような説明に対して、魂は人間の死とともに消滅するのではないかという反論が提示され、ソクラテスが魂の不死を証明する。その証明が（全部で四通りあるのだが）『パイドーン』の主要部分を構成している。

7 ソクラテスの論駁は、たいていの人が当たり前のことと思っているような考え方に向けられることが多い。そのような場合は、彼が導き出す結論の方がパラドクシカルな（逆説的な、あるいは常識に反する）ものであるように思われる。と言っても、彼は常識を真っ向から否定しようとしていると理解すべきではない。彼の目的は、たいていの人が、ほとんど自分の頭で考えることなく、自明なこととして受け入れているようなことに反省の目を向けさせ、自分の頭で考えるように促すことに存する、と理解すべきである。

8 *aischron* : *kalon*［第一章註8参照］の反対語で、ここでは「恥ずべきこと」というような意味。

9 勇気という抽象的なものと勇敢な人という具体的なものを区別することはそれほど困難なことではないように思われるかも知れない。実際、ラケースの第二の答を見れば、彼は両者を容易に区別しえたと思われる。だが、抽象的なものと具体的なものを区別することは、どんな場合でも容易であるとは限らない。この点については、第五節で改めて論じることにする。

10 ニーキアースは、「人は（それに関して）知恵があることがらに関しては善い［有徳な］者であり、無知であることがらに関しては悪しき者である」という考え方をソクラテスの持論と断って引き合いに出した上で、この答を提示している。このことと対話の相手が代わったことは、次のようなことを示唆しているのではないかと私には思われる。すなわち、ソクラテスとラケースの議論は歴史上のソクラテスの行なった議論を模倣したものであるのに対して、ニーキアース相手の議論は、歴史上のソクラテスの主張をプラトン自身が検討する議論である、ということを示唆していると思われる。

11 『エウテュプローン』においては、既にエウテュプローンの第一の答をソクラテスが論駁する条りで、プラトンのイデア論を連想させるようなことば遣いと考え方が認められる。このことから判断すれば、『エウテュプローン』における議論は、歴史上のソクラテスを模倣したものというより、プラトン独自の考え方を強く反映したものと見るべきかも知れない。しかしながら、第三のエレンコスが終ったところでエウテュプローンは答に窮し、ソクラテスの助言（あるいはむしろ、誘導）に従って第四の答が提示されるので、『ラケース』の場合と同様［前註参照］、前半部はソクラテスを模倣した議論であり、後半部はソクラテスの考え方をプラトンが検討する議論であるというふうに理解してよいと思われる。

12 ちなみに、ここでは属性の一つの種類のみが本質と対比されているが、『メノーン』では、「何であるか」と「どのようなもの」の対比によって、本質と属性一般が対比される。

13 古代ギリシャでは抽象的な思考が発達せず、我々が抽象的に理解するものも具体的なものとして（例えば、神として）理解したということは、よく知られていることである。ちなみに、日本語でも「美」という抽象名詞の歴史は浅く、幕末頃から翻訳語として使用されるようになったということである（柳父章『翻訳語成立事情』岩波新書、一九八二、六七－六八頁参照）。それ以前の日本人も「美」を「美しいもの」から区別して理解することはできなかったのではないだろうか。

第Ⅱ部

プラトン

第三章

プラトンは超越的イデア論者か

プラトンと言えば「イデア論」が最も有名なキーワード（の一つ）であるが、そのイデア論については「感覚的世界とは別の世界に存在する超越的なイデアを感覚的事物が分有している」という考え方であるという理解が一般的である。このような理解は、「哲学史の常識」と言ってよいだろう。そればかりか、既にプラトンの弟子のアリストテレスがそのように理解し、師の超越的イデア論を批判して「内在形相説」を唱えた。[*1] これも「哲学史の常識」である。だが、プラトンのイデア論を「超越的イデア論」と理解するのは、間違いとは言えないにしても、誤解に陥りやすいという弊がある。その理由を説明する前に、まずは、アリストテレスがイデア論の成立事情をどのように説明しているかを見ることにしよう。

一　イデア論成立事情についてのアリストテレスの説明

アリストテレスは、『形而上学』第一巻第六章において、プラトンがどのような考え方に基づいてイデア論を考え出したかについて、以下のように説明している(987a32-b10)。

(1)『形而上学』第一巻第六章

プラトンは、若い頃に、まず最初に〔ヘラクレイトス派の〕クラテュロスと親交を結び、「すべての感覚的対象は絶えず流れて〔運動・変化して〕おり、それらについてはエピステーメーはない」というヘラクレイトス派の説に親しみ、この点に関しては後にも考えを変えなかった。他方、ソクラテスは、倫理的な問題に関して、普遍的なものを追求し、初めて定義を探求した人である。プラトンは、彼の考え方を受け継ぎ、他方、感覚的対象は絶えず変化しているから、定義の対象は感覚的対象ではありえないと考えたので、普遍的なものの定義は感覚的対象とは別のものについて行なわれると考えた。そこで彼は、定義されるべき対象を「イデア」と呼び、イデアは感覚的対象とは別に存在し、感覚的対象はイデアを分有している、というふうに考えた。[*3]

この説明に従えば、プラトンが超越的イデア論を考案するに到った経緯は次のようにまとめることができるだろう。

①ソクラテスに倣って、定義を探求した。
②定義の対象は不変なるものでなければならないと考えた。
③ヘラクレイトスにしたがって、感覚的対象は絶えず変化していると考えた。
④そこで、定義の対象として超越的なイデアが存在すると考えた。

(2)アリストテレスの説明の問題点

だが、アリストテレスの説明が事実の説明として正しいかどうかは問題である。というのも、第一に、初期・中期のプラトンがヘラクレイトスの先述の説を受け入れていたという形跡はまったくなく、[*4] 第二に、ソクラテスが定義を探求したかどうかも疑問だからである。第二の点に関しては、「プラトンの初期対話篇においてソクラテスは定義を探求しているが、そのソクラテスは歴史上のソクラテスを模倣したものである」という解釈がプラトン研究者の間で一般的となっているが、第一章で述べたように、初期対話篇のソクラテスは対話相手の生き方あるいは知恵を吟味しているのであり、相手と協同して定義を探求しているわけではない。

これらの点を考えると、アリストテレスはイデア論の成立事情をどのようにして知ったのか、あるいはむしろ、本当に知っていたのか、ということが問題となる。ちなみに、彼は十七歳の時にエーゲ海北岸のスタゲイラからアテーナイに赴いてプラトンの学園アカデーメイアに入門したのであるが（紀元前三六七年頃）、それはソクラテスの死後三十年以上も後のことであり、また、プラトンは、当時、既に六十歳であり、彼がイデア論を考案したのははるか昔のことだったのである。したがって、先に引用したアリストテレスの説明は、当然、間接的な知識に基づくものである。このような観点から先の引用文を読むと、「感覚的対象についてはエピステーメーはない」という考え方は、ヘラクレイトスにはなく、プラトンのものであるということに気づかされる。プラトンはこの考え方を、「すべての感覚的対象は絶えず流れて［生成・変化して］

いる」という考え方とともに、『テアイテートス』において述べている〔第七章参照〕。したがって、プラトンがヘラクレイトス派から受けた影響についての説明は、アリストテレスが『テアイテートス』から読み取ったものであるという可能性が考えられる。[*5]また、ソクラテスが「倫理的な問題に関して、普遍的なものを追求し、定義を探求した」ということは、プラトンの初期対話篇から読み取りうることである。[*6]

以上のことから判断するに、イデア論成立事情についてのアリストテレスの説明は、主としてプラトンの対話篇に基づくものではないかと思われる。そうだとすれば、アリストテレスの説明は、事実の説明として信頼するに値するかどうかが疑わしくなる。それにまた、イデア論の成立事情についてはプラトン自身も『パイドーン』の中で説明しているが、その説明は先のアリストテレスの説明とはあまりにも異なるものである。そこで、次に『パイドーン』における説明を見ることにしよう。

二　イデア論成立事情についてのプラトン自身の説明

(1)『パイドーン』における説明

『パイドーン』において、(登場人物としての) ソクラテスが、どのような経緯でイデア論を考案したのかを、体験談として語っている（96a-100c）。だが、言うまでもないことだが、イデア論はプラトンの理論であって、歴史上のソクラテスの理論ではない。[*7]
まずは、（登場人物としての）ソクラテスが語る「体験談」をかい摘んで説明しよう。

ソクラテスは若い頃に自然学的研究に興味を持った。それは、この研究によってものごとの原因を知ることができると考えたからである。しかし、やがて、自然学的な原因説明方式に疑問を懐くようになった。それは、次のような疑問が生じたからである。例えば、甲が乙より頭の分だけ大きい場合、自然学的説明方式によれば、甲が乙より大きいことの原因は頭［より正確には、頭の分だけの差］だということになる。そうだとすれば、その同じものが、乙が甲より小さいことの原因でもあることになる。だが、同じものが大きいことと小さいことという正反対のことの原因であるというのは不合理である。それにまた、小さいものである頭が大きいことの原因であるというのも不合理である。あるいは、ものが「二つになること」の原因については、自然学的説明方式では、一つのものに別のものが付け加わることによって二つになった場合には「付加」が原因だと説明し、一つのものが分割されて二つになった場合には「分割」が原因だと説明する。だが、正反対のことが同じことの原因であるというのは不合理である。

そのうち、ソクラテスは、「ヌース（宇宙理性）が万物を秩序づける原因である」というアナクサゴラス（紀元前五〇〇頃‐四二八頃）の説を聞いて、次のように考えた。「ヌースが万物を秩序づける原因であるとすれば、万物は最善の状態にあるはずである。そうだとすれば、物事の原因を知るためには、どのような状態が最善であるかを知ればよいことになる。したがって、アナクサゴラスの著書を読めば、どのような状態が最善であるかを学ぶことができるに違いない」。ソクラテスが以上のように考えてアナクサゴラスの著書を読んでみたところ、彼は自然学的な原因説明しかしていなかった。その後もソクラテスは、彼がアナクサゴラスに期待したような原因説明を、他の人から学ぶことも、自分で発見することもできなかった。そこで、彼は仮説的方法というものを考え出した。それは次のような方法である。

日食を観察する場合に、太陽を直接見ると目をやられるので、水などに映った太陽の像を見なければならないが、それと同様に、事物を感覚によって直接把握しようとすると魂が盲目になる。そこで、ロゴス[*8]のうちで探究を行なうべきである。

「ロゴスのうちでの探究」は以下のように説明される。

そのつど、最も強力なものと判断した仮説を立て、原因についてもその他のあらゆることについても、その仮説と調和すると思われることは真と見做し、調和しないと思われることは真でないと見做す。

そして、「最も強力」な仮説として、次の二つの仮説が立てられる。

(a) 美、善、大などのイデアがそれ自体として存在する。
(b) 例えば美のイデア以外の何かが美しいとすれば、それは美のイデアを分有しているからであり、他のものについても同様である。

以上が、プラトンが『パイドーン』において説明しているイデア論の成立事情である。この説明によれば、イデア論は「ロゴスのうちでの探究」という考え方に基づいて考案されたということであり、ヘラクレイトス説もソクラテスの定義の探求もイデア論の成立にはまったく関与していない。「ロゴスのうちでの探究」とは、要するに、イデアが存在するという仮説に基づいて真偽を判定するという方法である。この方法についての説明はまだ続くが、いまは、イデアの存在が「仮説」であるというところまで確かめれば十分である（この方法そのものについては、次章で論ずることにする）。これによって、プラトンは超越的なイデアが存在すると主張しているわけではなく、イデアの存在を仮説しているにすぎない、ということが示された。それゆえ、彼のイデア論は、「超越的イデア論」と言うよりは、「仮説的イデア論」と言うべきものである。だが、彼がその存在を仮説しているイデアは超越的なイデアではないのか。確かにそうである。しかしながら、そうだとしても、プラトンを「超越的イデア論者」と呼ぶのは、以下に述べるような理由で適切ではない。

（2）プラトンは超越的イデア論者ではない

「超越的イデア論者」という名称は「超越的なイデアの存在をドグマティックに信じている者」というニュアンスを帯びている。どういう意味かと言えば、「超越的なイデアが存在すると確信し、そう主張するのであるが、なぜそう主張することができるのかを理論的に証明し、正当化することはできず、証明・正当化の必要があるとさえ考えない者」というような意味である。このような意味でプラトンを「超越的イデア論者」と呼ぶことはできない。なぜなら、彼は、第一に、超越的なイデアの存在をドグマティックに信じていたわけではなく、「仮説」として立てたのであり、第二に、その仮説を正当化する必要があると考えていたからである（第二の点に関しては、次章で説明する）。

だが、アリストテレスも、プラトンをこのような意味で（つまり、ドグマティックな）「超越的イデア論者」と考えていたわけではないのではなかろうか。そうではない。プラトンの「仮説的イデア論」とアリストテレスの理解する「超越的イデア論」の違いを明確にすることによって「仮説的イデア論」についての理解も深まるであろうから、両者の違いを説明することにしよう。

プラトンがイデアの存在を仮説したのは、先の説明からもわかるように、仮説と調和するか否かによって真偽を判定するためという、言わば「認識論的」な関心からである。他方、アリストテレスは、最初にも述べたように、「超越的」なイデア（*eidos*）の存在を批判して、事物に「内在」する形相（*eidos*）の存在を主張したのであるが、彼は、形相の存在を「仮説する」とは言っておらず、したがって、おそらく、そんなふうに考えてもいなかったであろう。かと言って、彼は形相の存在を理論的に証明してもいない。[*9] それは、アリストテレスの関心が事物の存在の原因を解明することにあり、[*10] 彼自身の説明が真であるかどうか、あるいは、いかなる意味で真であるか、というような問題には関心がなかったからであろう。それゆえ、彼の関心は、プラトンの「認識論的」な関心と対比して、「存在論的」な関心と言うことができるだろう。そうすると、アリストテレスのイデア論批判も「存在論的」な観点からの批判であり、彼はプラトンの「仮説的イデア論」を「認識論的」な観点に立つ理論として理解することはできず、彼自身の「形相」説と同じ観点に立つ理論、すなわち「存在論的」な理論と理解したことであろう。そうだとすれば、アリストテレスはプラトンを（ドグマティックな）「超越的イデア論者」と理解したということになる。

とはいえ、プラトン自身も、「存在論的」な観点に立つ「超越的イデア論」と言えるようなイデア論をも語っている。それはいわゆる「想起説」である。そこで、それはどのような考え方であり、また、プラトンにとってどのような意味を持っていたのかを説明しておかなければならない。

三　プラトンの「超越的イデア論」

(1)想起説

想起説は、『パイドーン』における魂不死の四通りの証明のうちの第二の証明(72e-77a)で導入される。[*11]証明の概略は以下の如くである。

[二つの]木片や石が「等しい」というのとは別に、〈等しさそのもの〉[*12]が存在する。そして、等しい木片や石は、ある人には等しいと思われ、別の人には等しくないと思われることがあるが、〈等しさそのもの〉が等しくないと思われることは決してない。

我々は等しいもの[例えば、長さの等しい二本の棒]を見た時に、等しさという点で〈等しさそのもの〉に劣っていると思う。この時に比較の対象となる〈等しさそのもの〉は等しさのイデアである。したがって、我々は、「等しさという点で〈等しさそのもの〉に劣っている」と思った時には、等しさのイデアを想起したのである。しかるに、等しさのイデアを想起しうるためには、それを以前に知っていたのでなければならない（なぜなら、「想起」とは、以前に知っていたものを思い起こすことであるから）。それでは、いつ等しさのイデアを知ったのか。我々は、生まれると同時に感覚し始めるのであるから、等しさのイデアを知ったのは生まれる以前でなければならない。[*13] ただし、生まれる時にイデアの知（エピステーメー）を持ったまま生まれるわけではない。なぜなら、もし我々はイデアの知を持って生まれたのだとすれば、誰もがイデアを知っていることになるが、事実はそうではないからである。というのも、（個々の）イデアの知を持っている者はそれについてロゴスを与えることができるはずであるが、例えば美や善や正義などのイデアについてロゴスを与えることのできる人はいないからである。[*14] それゆえ、我々は感覚をきっかけにしてイデアを想起する、と言うべきである。

以上の議論が正しいとすれば、我々の魂は、肉体に宿って人間として生まれる以前にイデアを知ったのであるから、人間として生まれる以前に存在していたことになる。ただし、もしイデアが存在しないならば、先の議論は成り立たない。したがって、イデアの存在と魂の前世の存在は同等の必然性を持つ。

(2)問題点

先の議論には実はいろいろ問題点がある。最大の、あるいは根本的な問題点は、一方では、「等しいものを見た時に等しさのイデアを想起する」と、誰もが容易にイデアを想起することができるかのように語り、他方では、「美や善や正義などのイデアについてロゴスを与えることのできる人はいない」と、誰もまだイデアを想起していないかのように語っている点である。

この齟齬《そご》は、イデアの種類の違いによることとして済ますことはできない。というのも、等しいものを見て、それを「等しさという点で〈等しさそのもの〉に劣っている」と思うという仕方で等しさのイデアを想起する際には、等しさのイデアを言わば「心に思い浮かべ」れば十分であり、「ロゴスを与える」ことができるとは限らないので〈事実、大人はともかくとして、少なくとも幼い子供は、〈等しさそのもの〉を心に思い浮かべることはできるかも知れないが、等しさのイデアのロゴスを与えることなどできないだろう）、等しさのイデアについても、心に思い浮かべるという意味では想起しているが、「ロゴスを与える」ことができるという意味では想起していない、ということがありうるからである。したがって、想起にも、イデアを「心に思い浮かべる」という仕方での想起と、イデアについて「ロゴスを与える」ことができるような知（エピステーメー）を獲得するという仕方での想起の、言わば二段階の想起があることになる。そうだとすれば、第一段階の想起で「心に思い浮かべられる」ものは、（我々のことばで言えば）「観念」とでも言うべきものであり、他方、第二段階の想起で知られるものは超越的なイデアである、というふうに「イデア」も二種類に区別する必要があるだろう。ただし、プラトン自身がこのように観念と超越的なイデアを明確に区別していたかどうかは、はなはだ疑問である。というのも、後の『国家』においてさえ、彼は両者を明確に区別していないように思われるからである［この点に関しては、第五章参照］。

（3）想起説と仮説的イデア論との関係

想起説によって語られるイデア論と仮説的イデア論の関係についても一言説明して

おかなければならない。想起説では、魂は人間に生まれる以前にイデアを知っていた、というふうに考えられている。このことは、肉体から離れた魂が存在する世界、つまりいわゆる「あの世」にイデアが存在する、ということを前提している。[*15] 他方、仮説的イデア論では、超越的なイデアの存在が仮説されるが、その場所は特定されていない。したがって、「あの世」に存在すると考える必要はない。それゆえ、想起説で語られるイデアは、単に「超越的」であるというだけでなく、「神秘的」とも言えるようなものである。このことと関連して、想起説のイデア論と仮説的イデア論にはさらに重要な相違点がある。すなわち、仮説的イデア論におけるイデアの存在は「仮説された」存在であるが、想起説のイデア論においてはイデアは「実在する」ものでなければならない。というのも、想起説におけるイデアの存在が「仮説された」存在にすぎないとすれば、想起説によって証明された魂の前世の存在も「仮説された」存在にすぎないことになるが、それでは魂の不死の証明にはならないからである。したがって、想起説のイデア論と仮説的イデア論は別個のものであり、後者は前者とは独立のものである、というふうに理解しなければならない。

（４）想起説のプラトン哲学における意義

最後に、想起説はプラトンにとってどのような意味を持つものであったかについて説明しておかなければならない。想起説は、実は、『パイドーン』以前に、既に『メノーン』においても語られている。ただし、その目的は、魂の不死を証明することではなく、探求に関するアポリアに答えることにある。探求に関するアポリアとは次のようなものである。「我々は知らないものを探求することはできない。なぜなら、そもそも何を探求すればよいのかもわからないし、仮に探求の過程で探求している当のものに行き当たったとしても、それこそが探求していたものだということさえわからないからである」。

これは、わかりやすく説明すれば、例えばメノーンを知らない（面識がない）人が、他の人に尋ねることなしにメノーンを捜そうとしても、誰を捜してよいかわからないし、たとえ目の前にメノーンがいたとしても、それがメノーンだとは気づかない、というようなことである。ただし、厳密に言えば、この例は適切ではない。というのも、探求に関するアポリアは、メノーンが、徳の定義の試みをことごとくソクラテスに論験された揚げ句に、言わば反撃のために持ちだしたものであるから、感覚によって認識されるようなものについてのアポリアでもなければ、直観によって認識されるものについてのアポリアでもなく、定義によって知られるものについてのアポリアだからである。しかしながら、ある前提を認めれば、先のアポリアは定義の対象に関しても有効である。「ある前提」とは、例えば徳を定義する場合の定義の対象は、我々が持っている徳の観念ではなく、徳そのもの（徳のイデア）である、という前提である。この前提を認めれば、我々が徳を定義しようとした場合、定義すべき対象はまだ知らないし、仮に徳を何らかの仕方で定義したとしても、それが徳のイデアの定義であるかどうかはわからない、というふうに言えるだろう。そうすると、徳のイデアの定義を探求することは不可能だということになる。

さて、探求に関するアポリアに対して、（登場人物としての）ソクラテスは、我々はまったく知らないものを探求するわけではなく、生まれる以前に知っていたものを探求を通して想起するのである、というふうに答える。この答は、我々現代人にはほとんど説得力を持たないであろう。だが、実は、ソクラテスも、想起説について次のようなコメントを加えているのである。

この論争のための議論〔探求に関するアポリア〕を受け入れてはいけない。というのも、それは我々を怠惰にするであろうし、柔弱な人間には耳に心地よいが、他方、先述の説〔想起説〕は我々を勤勉で探求心旺盛にするからである。（81d-e）

他の観点からは、この説〔想起説〕に固執するつもりはない。しかし、知らないことは探求すべきであると考えるならば、知らないことは発見できないし探求する必要もないと考えるよりは、勇敢で立派な人間となり、また怠惰でなくなるという観点から、私は、ことばにおいても実践においても、できるだけ自分の説〔想起説〕に固執したい。（86b-c）

要するに、ソクラテスにとっては、したがってまた著者プラトンにとっても、想起説は、疑いえない真理というわけではなく、哲学的探求を支える信念であり、ひいては、善く生きるための、あるいは立派に生きるための、言わば「基本的信条」(principle)なのである。このことは、言い換えれば、想起説はプラトンの「哲学」というよりは「思想」に属するものであるということを意味する。ちなみに、想起説は、『パイドーン』以後は、ただ一度『パイドロス』においてミュートス（神話）の形で語られるのみであり、哲学的な議論の文脈で語られることは皆無であるが、このことも、想起説が「思想」に属するものであることの証左と見做しうるだろう。

だが、「哲学」と「思想」はどう違うのか。両者の区別について、一言説明しておかなければならない。プラトンは、言わば「完全に厳密に根拠づけられた理論」と「真実だと思われるが完全に厳密に根拠づけられてはいない理論」を区別していたと思われる[*16]（この区別は、プラトンのことばで言えば、「エピステーメー」と「真なるドクサ」の区別に当たる）。この違いを、私は「哲学」と「思想」と呼び分けたい。もっとも、一般的には後者も「哲学」と呼ばれている。というのも、哲学史に名を残した哲学者たちの「哲学」の多くは先に定義した意味での「思想」だと思われるし、また、たいていの人は、「哲学」の名のもとに、先に定義した（狭義の）「哲学」よりはむしろ、人生の拠り所となる「思想」を求めているように思われるからである。ただし、念のために断っておくが、私は、「思想」には哲学的価値がないと言うつもりはないし、また、プラトンの哲学に関しても、そこには「思想」も含まれ、それにも（狭義の）「哲学」に劣らぬ価値があるということを否定するつもりもない。

以上で、プラトンは、彼の「思想」である想起説に関しては（ドグマティックな）「超越的イデア論者」と呼べるかも知れないが、彼の「哲学」に関しては「超越的イデア論者」ではなく「仮説的イデア論者」である、ということが示されたと思う。

註

1　プラトンの「イデア」もアリストテレスの「形相」も、ギリシャ語では同じ*eidos*という語である（もっとも、プラトンは*idea*という語も用いるが、*idea*と*eidos*は同義語である）。したがって、プラトンの「イデア」とアリストテレスの「形相」は密接な関係にあるのである。ただし、プラトンは主として美・善・正義などの属性あるいは性質についてイデアを考えたのに対して、アリストテレスは、人間・馬などの実体について形相というものを考えた、という重要な違いがある［この点については、註10参照］。

2　ちなみに、「万物は流れている（流転している）」（*panta rhei*［パンタ・レイ］）という言葉は、ヘラクレイトス（紀元前五〇〇年前後）の説を簡潔に言い表した言葉として有名であるが、古典文献学者の間ではヘラクレイトス自身の言葉とは見做されていない。

3　Fなるものは Fのイデアを分有していることによってFである（例えば、美しいものは美のイデアを分有していることによって美しい）という考え方。

4　プラトンがイデア論を考案した理由は、感覚的対象は変化するということよりも、むしろ、感覚的対象は反対の属性を併せ持つ（例えば、美しいものは必ず同時に醜いという属性も持ち、善いものは必ず同時に悪いという属性も持つ、という具合いに）ということに存するように思われる。例えば、本章第三節冒頭の引用文参照。

5　ちなみに、アリストテレスは、プラトンが「ヘラクレイトス派の説に親しんだ」のは「若い頃」だと言っているが、『テアイテートス』の年代設定はソクラテスの裁判の直前であるから（cf.210d）、プラトンが二十八歳頃のことだということになる。

6　私自身は、先に述べたように、初期対話篇におけるソクラテスが定義を探求しているとは考えないが、定義を探求しているという解釈がプラトン研究者の間で一般的であることを考えれば、アリストテレスもそのように解釈したということは十分にありうることであろう。

7　かつて十九世紀から二十世紀にかけての著名なギリシャ哲学研究者バーネットとテイラーがイデア論は歴史上のソクラテスの理論だという説を唱えたが、現在ではこの説に同調するものは皆無と言ってよい。

8　「ロゴス（*logos*）」の基本的な意味は「ことば」であるが、ここでは「論理」（logic）、「学的理論」というような意味も込められている。というのも、この後に述べられる「ロゴスのうちでの探究」は、単にことばを使った探究というだけではなく、論理的な思考に支えられた探究であり、かつ一個の学的理論を構築するような探究だからである。ちなみに、logicはギリシャ語の*logos*に由来する語であり、また、例えばbiologyの-logyのように「～学」を意味する接尾辞-logyも*logos*に由来する。

9　それゆえ、アリストテレスの「形相」説は、先に述べたような意味で「ドグマティック」な説と言えるであろう。

10 それゆえに、アリストテレスは実体について「形相」というものを考えたのである。というのも、我々が「存在するもの」としてまず思いつくのは実体であるから。これに対して、「認識論的」な観点に立つプラトンにとっては、実体と属性の区別は重要なものではなく、他方彼の関心はもっぱら道徳・倫理学にあったので、彼は主として美・善・正義などについてイデアを考えたのであり、その他のものについても（実体を含めて）、イデアを認めないわけではないのである。註1参照。

11 想起説によって証明されるのは、厳密に言えば、死後の魂の存在ではなく、前世の魂の存在である。

12 *auto to ison*：*auto to* ～、という表現は、プラトンがイデアを指す名称として用いる常套的表現形式である。

13 プラトンは、我々は生まれて初めて等しいものを見た時に先のように思うと前提している。だが、この前提はいささか疑わしい。しかしながら、このように前提しなくても、比較的幼いうちに等しいものを見て先のように思うという前提を認めれば、生まれてからその時までの間に等しさのイデアを知ったとは考えられないから、「生まれる以前に知った」と言えるだろう。

14 *logon didonai*：普通のギリシャ人なら「説明する」というような意味に理解する表現であるが、プラトンは「ロゴス」として特殊な種類の説明方式を念頭に置いていると思われるので、「ロゴスを与える」と訳すことにする。

15 このような考え方は『パイドロス』において、ミュートス（神話）という形を借りて、具体的に説明されている（246a-249d）。

16　プラトンは、『ティーマイオス』において宇宙の生成について論じているが、その前置きとして、「厳密で完全に整合的なロゴス」と「真実らしいミュートス」を対比して、人知を越えたことがらに関しては後者で満足しなければならないと言っている（29c-d）。ちなみに、その後に語られる宇宙生成論は後者だと言っている。

第四章

仮説的イデア論Ｉ

『パイドーン』

プラトンの作品にイデア論が最初に登場するのは『パイドーン』である。そこでは、イデア論は、まず想起説を語る条りで導入される〔前章第三節（**1**）参照〕。だが、その導入の仕方は、我々にとってはかなり奇異な感じを与える。というのも、我々の常識からすれば、新しい理論を導入する際には、それがどのような理論であるかをまず説明するのが当然のことと思われるが、想起説の条りでは、イデア論は読者に既知のものであるかのように導入されるからである。すなわち、次のような問答によってイデアが導入されるのである（74a-b）。

ソクラテス　我々は等しさというものが存在するという。それは、木片が木片に等しいとか、石が石に等しいという類いの等しさではなく、それらすべてと別種の、等しさそのものである。そのようなものが存在すると言うべきか、それとも、存在しないと言うべきか。

シミアース　もちろん、存在すると言うべきです。

ソクラテスは「等しさそのもの」という表現によってイデアを指しているのであるが、イデア論を知らない人がそれをイデアと理解することはできるわけがない。ところが、シミアースは、それについて説明を求めることなしに、その存在を言下に承認している。このように、イデアは、ソクラテスの問答相手に既知のものとして、したがってまた読者にも既知のものであるかの如くに、導入されているのである。

だが、イデア論という理論の説明がまったくないわけではない。先に取り上げた「仮説的イデア論」の条りで〔前章第二節（**1**）参照〕、一個の理論としてのイデア論が説明されている。しかも、その条りは、プラトンの全作品中で、イデア論を「理論」として説明する唯一の箇所であり、したがってイデア論を理解する上で最も重要な箇所であると言っても過言ではない。そこで、本章ではその条りの説明を詳しく紹介することにしよう。

一　仮説的イデア論の概略

仮説的イデア論についての説明の最初の部分は既に前章で取り上げたが、念のために繰り返しておこう。まず、「仮説的方法」が次のように規定される（100a）。

そのつど、最も強力なものと判断した仮説を立て、原因についてもその他あらゆることについても、その仮説と調和すると思われることは真と見做し、調和しないと思われることは真でないと見做す。

そして、「最も強力」な仮説として、次の二つの仮説が立てられる（100b-c）。

（a）例えば美、善、大などのイデアがそれ自体として存在する。
（b）美のイデア以外の何かが美しいとすれば、それは美のイデアを分有しているからであり、他のものについても同様である。

それぞれを現代風に記号を用いて一般化すれば、次のようになる。

（a）Fのイデアが存在する。

（b）FなるものはFのイデアを分有しているがゆえにFである。

これらの仮説に以下で言及する際の便宜のために、（a）を「存在仮説」、（b）を「分有仮説」と呼ぶことにする。[*1]

存在仮説は、美や善や大が、何か美しいものや何か善いものや何か大きいものの属性としてではなく、「それ自体として」、言い換えれば単独で、存在するということであり、要するに超越的なイデアの存在を仮説しているのである。したがって、仮説的イデア論とは、「第一に、超越的なイデアの存在を仮説し、第二に、Fなる属性を持っているものはFのイデアを分有していると仮説し、これらの仮説と調和するものは真と見做し、調和しないものは偽と見做す」という理論である。だが、存在仮説と分有仮説がなぜ「最も強力」な仮説なのか。また、「イデアを分有する」とはどういう意味か。さらには、「仮説と調和する」とはどういう意味か。これらの点について、以下で説明することにしよう。

（1）「最も強力な仮説」ということについて

存在仮説と分有仮説がなぜ「最も強力」な仮説なのかという点に関しては、先に引用した条りの少し後で一つの説明が与えられているように思われる。というのも、そこでは、ソクラテスが自然学研究の結果陥ったアポリア〔前章第二節（1）参照〕は仮説的イデア論によって解決される、ということが説明されているからである。その説明は以下のようなものである（100e-101d）。

ある人が別の人より大きいのは、「頭によって」ではなく、「〈大きさ〉によって」であり、ある人が別の人より小さいのは「〈小ささ〉によって」である。両方の原因を「頭によって」と説明すると、同じもの〔頭〕が、大きいことと小さいこと〔という正反対のこと〕の原因だということになり、さらに、〔頭という〕小さいものが大きいことの原因だということになる。

また、ものが二つになるのは、「付加あるいは分割によって」ではなく、「二のイデアを分有することによって」であり、一つになるのは「一のイデアを分有することによって」である。

この説明が原因説明としてどれほど有意義なものであるかは疑問であるが、少なくとも自然学的説明方式が孕《はら》んでいた（と、ソクラテスが考える）矛盾は生じない。それゆえに、ソクラテスは先の二つの仮説を「最も強力」な仮説と考えるのであろう。

（2）「分有」の意味について

「分有する」と訳したギリシャ語 '*metechein*' は「一部分を分け持つ」という意味である。そこで、「イデアを分有する」という言い方を文字通りの意味に理解すると、イデアを分有するものはイデアの一部分を分け持つという意味になる。このような考え方は後に『パルメニデス』において批判されることになるのであるが[*2]、既に『パイドーン』の仮説的イデア論の条りでも、プラトンは、イデアを分有しているもののうちにイデアの部分が内在するというふうに考えているわけではない。それゆえ、「分有する」という表現を文字通りの意味に理解すべきではない。それでは、どのような意味に理解すればよいのか。

分有仮説については、ソクラテス[*3]は次のように説明している（100c-d）。

もし誰かが、何かあるものがなぜ美しいのかを説明するのに、華やかな色とか、あるいは形とか、その他そういった類いのものに原因を求めて説明したとすれば、そのような説明は私の頭を混乱させるだけであるから一切無視する。そして、私としては、単純で素朴な、しかも無能とさえ思われるかも知れないような説明をする。すなわち、それが美しいのは、美のイデアの臨在（*parousia*）によって、あるいはそれへの関与（*koinōnia*）によって、あるいはそれがともかく何らかの仕方で備わっているから、というふうに説明する。つまり、イデアと「それを分有している」ものの関係については断定せず、とにかく、美しいものはすべて〈美〉によって美しい、と説明するのである。

ソクラテスは、要するに、「イデアとそれを分有している個物の具体的な関係は問題にしない」と言わんとしているのであり、それは、イデアの在り方を問題にしないということを、言い換えれば、イデアを存在論的観点からは問題にしないということを、意味している。それゆえ、仮説的イデア論は、前章で述べたように、「存在論的理論」ではなく「認識論的理論」と理解すべきものである〔六五－六六頁参照〕。

先の説明にはもう一つ注意すべき点がある。それは、美（のイデア）とは何であるかをまったく定義しない点である。[*4] それゆえに、「単純、素朴、無能」な説明と言われているのであろう。

（3）存在仮説と分有仮説の意義について

存在仮説と分有仮説の意義についても、一言説明しておかなければならない。ソクラテスは、仮説的イデア論に基づく魂の不死の証明の第一段階で、我々のうちにある性質が反対の性質を受け入れることは決してないということを、以下のような議論によって示す（102a-e）。

「シミアースは、ソクラテスより大きく、パイドーンより小さい」と言われるのは、シミアースのうちに〈大きさ〉と〈小ささ〉があるからである。つまり、「シミアースはソクラテスより大きい」とは、「シミアースはシミアースであることによって大きい」という意味ではなく、「シミアースは彼の持っている〈大きさ〉によって大きい」という意味である。同様に、「シミアースはパイドーンより小さい」とは「シミアースは彼の持っている〈小ささ〉によって小さい」という意味である。このような原因によって、シミアースは「大きい」と「小さい」という〈大きさ〉と〈小ささ〉に因んだ名を持つのである。つまり、大のイデアが大きいと同時に小さいということは決してないばかりでなく、我々のうちにある〈大きさ〉[*5]も、〈小ささ〉を受け入れて小さくなるということは決してない。

ここでは、「シミアースは大きい」ということの原因が、「シミアースは彼の持っている〈大きさ〉によって大きい」というふうに説明されているが、これは、「シミアースが大きいのは〈大きさ〉という属性を持っているからである」という意味である。そこで、「シミアースはシミアースであることによって大きい」というのは、「シミアースであることがすなわち大きいということである」、言い換えれば、「シミアースであることと大きいものであることは同一のことである」という意味になる。そこで、ソクラテスの言わんとするところは、要するに、「シミアースは大きい」という文は、シミアースと「大きい（もの）」の同一性を意味するのではなく、「シミアースは〈大きさ〉という属性を持っている」という意味である、ということである。このことを、仮説的イデア論は、「シミアースは大のイデアを分有している」というふうに説明するのである。要するに、分有仮説は、属性を持っているものから属性そのものを区別し、「ものが属性を持っている」という構造を説明するための仮説なのである。そのような区別は自明なことではないかと思う人もいるかも知れないが、ソフィストのヒッピアースでさえ美しいものと美を区別することができなかったことを思えば〔第二章第五節参照〕、当時のたいていのギリシャ人は属性を持っているものと属性を区別することができなかった、と考える方がむしろ自然ではないだろうか。

もっとも、属性を持っているものと属性を区別するためになぜイデアが存在すると仮説する必要があるのか、という疑問が残るが、両者の区別を分有仮説によって説明する限り、分有仮説は存在仮説を前提しているのであるから、存在仮説は必要である。そうすると、そもそも属性を持っているものと属性の区別を分有仮説によって説明するという点に問題があるのかも知れない。だが、いまはこの問題にはこれ以上立ち入らないことにしよう。

(4)「調和」の意味について

「調和する」(*symphōnein*) の意味に関して、プラトンの仮説的イデア論を綿密に研究したロビンソンは、①「整合的である」もしくは「矛盾しない」、②「演繹的に導出されうる」、という二通りの解釈の可能性を挙げている。[*6] ①のように解すれば、仮説と無関係な命題はすべて真だということになる。これでは真偽の基準としては緩すぎる。それでは、②のように解すべきなのか。そうだとすれば、仮説的方法というのは、幾何学の体系のように、仮説を前提として演繹的な体系を構築する方法だということになるだろう。だが、仮説的イデア論の仮説は存在仮説と分有仮説の二つであり、しかも、個々のイデアについてはその定義すら与えられない。これらの仮説だけから、どれだけのことが演繹的に導出されうるというのか。それにまた、仮説的イデア論は魂不死の証明のために導入されたのであるが、その証明を見れば、存在仮説と分有仮説の他にも多数の前提が用いられていることは明らかである。したがって、仮説的イデア論に基づく証明においては、少なくとも存在仮説と分有仮説のみから演繹が行なわれるわけではない。したがってまた、仮説的イデア論は、存在仮説と分有仮説から一個の演繹的な体系を構築する方法ではないだろう。

それでは、証明において用いられる、存在仮説と分有仮説以外の前提も仮説なのであろうか。そうだとすれば、仮説的イデア論の仮説は、存在仮説と分有仮説の二つだけではなく、その数は、おそらく、かなりの数に上ることであろう。だが、もしそうだとすれば、それらも仮説であるということが――さらには、望むらくは、それらがなぜ「最も強力」な仮説であるのかが――何らかの形で説明されていて然るべきであろう。だが、そのような説明はない。それゆえ、たぶん、演繹の前提がすべて仮説というわけではないのだろう。それでは、演繹の前提群のうちの存在仮説と分有仮説のみが「仮説」と呼ばれるのであろうか。そうだとすれば、それはなぜか。他の前提は明らかに真であるから「仮説」とは呼ばれず、両仮説のみは「明らかに真」とは言えないから「仮説」と呼ばれるのか。だが、そもそも仮説的方法とは「真偽を仮説に基づいて判定する」という方法であるから、他の前提は「明らかに真である」とは主張できないはずではないか。

このように考えると、仮説的イデア論における仮説――特に、存在仮説――は、そもそも演繹の前提であるかどうかが疑わしくなってくる。実際、魂不死の証明を見れば、分有仮説は前提として用いられているが、存在仮説は証明の前提として用いられてはいないのである。以上のような理由から、仮説的イデア論における仮説——特に、存在仮説——は、演繹の前提ではなく、それよりもさらに根源的なものであるように思われる。それにまた、『国家』第六巻において、数学は「奇数と偶数、図形、三種類の角」の存在を仮説すると言われているが、このような仮説は、演繹の前提よりもさらに根源的なものである。実際、ユークリッド幾何学においても、証明の際には、幾何学の対象(点、線、面など)が「存在する」ということは、演繹の前提として用いられはしない。そもそも存在命題は演繹の前提にはならないのではないだろうか。それでは、演繹の前提よりもさらに根源的な「仮説」とはどのようなものなのか。それは我々の「思考の枠組」を決定するような——言い換えれば、世界をどのようなものとして認識し理解するか(つまり、ある種の「世界観」)を決定するような——根本前提と理解すべきものなのである。[*7]

存在仮説と分有仮説を以上のように理解するならば、これらの仮説は(あるいは、少なくとも存在仮説は)演繹の前提ではないのだから、「仮説と調和することは真と見做し、調和しないことは真でないと見做す」という真偽の基準（これを「調和の基準」と呼ぶことにしよう）は、仮説から論理的に帰結するか否かに関する基準でないことは明らかである。したがって、「調和する」は「矛盾しない」という意味に理解すべきであろう。そうすると、しかし、仮説と矛盾しないことはすべて真と見做されることになるのではないか。この点に関しては、私は以下のように理解すべきだと考える。

第一に、経験的事実に関しては、事実もその反対のこともイデア論の仮説とは矛盾しないであろう（さもなければ、決定論に陥るだろう）。したがって、経験的事実に「調和の基準」を適用すれば、互いに矛盾することを両方とも真と認めなければならないことになるだろう。それゆえ、（これは当たり前と言えば当たり前のことかも知れないが）、「調和の基準」は経験的事実の真偽判定の基準とはならない、と理解すべきである。ライプニッツ（一六四六–一七一六）のことばを借りて言えば、「調和の基準」は、「事実の真理」（vérité de fait）についての基準ではなく、「推論の真理」（vérité de raisonnement）についての基準だと言うことができる。第二に、「推論の真理」に関しても、ある命題（p）とその否定命題（〜p）はどちらもイデア論の仮説と矛盾しない、ということもあるかも知れない（それはpも〜pも仮説と無関係な場合である）。そのような種類の命題に関しても、「調和の基準」は真偽判定の基準とはならないだろう。したがって、「調和の基準」によって真偽が判定されうる命題は、当該の命題（p）もしくはその否定命題（～p）がイデア論の仮説と矛盾する場合である、ということになる。そこで、結局、「調和の基準」は次のようなものになる：「ある命題（p）とその否定命題（～p）の一方が仮説と矛盾せず、他方が仮説と矛盾する場合には、仮説と矛盾しない命題は真と見做し、矛盾する命題は真でないと見做す」。

二　仮説の正当化について

これまでの説明を見る限り、仮説的イデア論は「仮説との整合性」のみを真理の基準とする方法であるように見えるだろう。そうすると、それは真理に関するいわゆる「整合説」（Coherence Theory）に立脚する方法だということになる。だが、このような解釈が正しいかどうかは疑問である。というのも、プラトンは仮説的方法についてさらに次のような補足説明を付け加えているので、真理の基準として「整合性」以上のものを考えているように思われるからである（101d-e）。

もし仮説そのものを問題にする人がいたとしても、［1］仮説から出て来たものが互いに調和するか調和しないかを検討しないうちは相手にする必要はない。そして、［2］仮説そのものの妥当性を説明する必要が生じた時には、より上位のレベルで最も優れた仮説を立てて説明し、［新たな仮説についても同様の仕方で説明する、というふうにして］十分なものに到達するまで仮説を遡る。その際に大事なことは、アルケー（*archē*）[*8]についての議論とアルケーから出て来たものについての議論を混同しないことである。

ここでは、仮説そのものの妥当性を確かめる次の二つの方法が説明されている。

［1］「仮説から出て来たもの」が互いに矛盾しないかどうかを確かめる。（これを「整合性の検討」と呼ぶことにしよう）

［2］仮説を正当化するためにより上位の仮説を立てるという仕方で、十分なものに到達するまで仮説を遡る。（これを「仮説の正当化」と呼ぶことにしよう）

「整合性の検討」は、いわゆる「整合説」に立脚した方法であろう。ただし、「仮説から出て来たもの」という表現には注意しなければならない。というのも、これは、単純に「仮説から演繹的に導き出された帰結」と解すべきものではないからである。なぜなら、与えられた仮説群から演繹的に導き出された帰結が互いに矛盾するということがあるとすれば、それは仮説群そのものが矛盾を含んでいるからであるが、仮説的イデア論の仮説に関しては、存在仮説は分有仮説の必要条件であるから、両者が矛盾を含んでいるということはありえないからである。それゆえ、「仮説から出て来たもの」は「仮説から演繹的に導き出された帰結」とは解し難く、したがって、そもそも「仮説」を演繹の前提と解することははなはだ疑問である。それゆえ、先にも述べたように、「仮説」は演繹の前提よりもさらに根源的なものと理解すべきであるように思われる。つまり、「整合性の検討」とは、「イデアが存在し、個物はイデアを分有する」という「世界観」に立って探究を進め、その結果矛盾が生じるかどうかを確かめる、というようなことと理解すべきだと思われるのである。

「仮説の正当化」は、真理の基準として「整合性」以上のものを要求する考え方に立脚する方法であるように思われる。だが、それは、具体的には、どのような手続きを意味するのであろうか。『国家』における仮説的イデア論によれば、「仮説を遡って」行けばついには「仮説でないアルケー(archē anypothetos)」に到達すると言われており、それはいわゆる「善のイデア」を指す〔詳論は次章参照〕。考えてみれば、『パイドーン』における仮説的イデア論も、善を万物の原因とするような原因説明方式に代わるものとして考案された、というふうに説明されていた〔六一‐六二頁参照〕。したがって、『パイドーン』においても、「仮説を遡って」行けばついには万物の原因としての善に到達する、というふうに考えられていたのかも知れない。

だが、速断は慎まなければならない。というのも、『パイドーン』における仮説的イデア論と『国家』におけるそれとの間には、大きな違いもあるからである。すなわち、『パイドーン』における仮説的イデア論は魂の不死を証明するための一つの理論であるが、『国家』における仮説的イデア論は、何かを証明するための理論ではなく、善のイデアについて探究し、また、それに基づいて他のイデアについて探究するための方法論である。したがって、『国家』においては善のイデアを頂点とするイデアの体系のようなものが構想されているように思われるが、『パイドーン』においてはそのような体系の構想が具体的にできあがっているとは思えない。それにまた、「仮説を遡る」手続きと万物の原因としての善にしても、『国家』では両者が結びつけられているが、『パイドーン』においては両者の結びつきを明瞭に示すものは何もない。以上のような相違点を考えるならば、『パイドーン』における仮説的イデア論は、『国家』におけるそれと直ちに同一視すべきものではなく、後者の言わば「前段階」をなすものと理解すべきであろう。

三　まとめ

本章の締め括りとして、『パイドーン』における仮説的イデア論の要点をまとめ、論じ残された問題点を二つ挙げておこう。まず、仮説的イデア論の要点は以下の通りである。

①イデアの存在とイデアの分有を仮説する。――その際、仮説されたイデアについては、「何であるか」を問題にしない。例えば美のイデアを仮説した場合、美とは「何であるか」は問題にしない。*9

②仮説から出て来たものの整合性を検討する。（整合性の検討）

③仮説そのものを、より上位の仮説によって正当化する。（仮説の正当化）

論じ残された第一の問題点は、以下のようなものである。「仮説から出て来たもの」の整合性を検討する議論は、『パイドーン』の中では行なわれていない。それは、具体的にはどのようなものであろうか。また、プラトン自身は、作品中に書き記さなかったにしても、『パイドーン』を書いた時点で既にそのような検討を済ませていたのであろうか。

「仮説から出て来たもの」が互いに矛盾するということを証明することならば、少なくとも一つの矛盾を見つければよいのであるから、それほど困難ではないだろう。だが、矛盾がないということを証明するためには言わば「虱潰《しらみつぶ》し」に調べなければならず、それは決して容易なことではないだろう。このようなことを考慮するならば、プラトンが初めてイデア論を打ち出した時に整合性の検討を既に済ませていたかどうかは疑問である。「もし仮説そのものを問題にする人がいたとしても、仮説から出て来たものが互いに調和するか調和しないかを検討しないうちは、相手にする必要はない」というソクラテスの科白も、プラトン自身が未だ整合性の検討を済ませていなかったことを示唆しているように思われる。それでは、プラトンは、整合性の検討をいつ行なったのであろうか。この点に関しては、彼が『パイドーン』の段階で既に検討を済ませていたかどうかも含めて、『パイドーン』だけからでは判断のしようがないので、次章以降で論じることにしよう。

第二の問題点は、次のようなものである。仮説的方法における真偽は仮説との整合性による真偽であるが、それは言わば暫定的な真偽である。というのも、仮説そのものの真偽（妥当性）が問われうるからである。しかし、仮説そのものの真偽は再び別の仮説によって判定される、と言われている。そうだとすれば、仮説をどこまで遡っても、真偽の基準は、結局は、「仮説との整合性」ということになるのであろうか（整合説）。だが、『国家』では、仮説を遡れば最後には「仮説でない」アルケーに到達すると言われている。そうだとすれば、そのアルケーは整合性以外の基準によって真でなければならない。では、それはいかなる基準によって真なのであろうか。この問題についても、次章で改めて論じることにする。

以上で、『パイドーン』において初めて導入された仮説的イデア論とはどのような理論であるかがほぼ明らかになったと思う。だが、十分に明らかになったとはとても言えない。それは、そもそもプラトン自身の説明が、一個の理論の説明としては、十分な説明とは言い難いものだからである。おそらく、彼自身も、『パイドーン』の段階では、未だ仮説的イデア論を完成された理論にまで仕上げていなかったのであろう。実際、その後の経過を見れば、仮説的イデア論は『国家』において発展させられ、『パルメニデス』における批判を経て、後期対話篇においてより完成度の高いものに仕上げられて行くように思われる。

註

1 「分有仮説」（と私が呼ぶもの）を、以下のような理由で、仮説と見做さない解釈もある。そもそも仮説的イデア論は原因を説明するための方法として考案されたものであり、仮説的方法の説明においても、「原因についてもその他あらゆることについても、その仮説と調和すると思われることは真と見做し、云々」（100a）と説明されている。しかるに、「分有仮説」は、ものがある属性（例えば、美しいという属性）を持っていることの原因を説明するためのものである。したがって、「分有仮説」を仮説と解すると、仮説的方法によって説明されるべきこと（すなわち、原因の説明）が仮説されている、ということになるのではないか。――しかしながら、原因にもさまざまな種類のものがあるので、仮説的イデア論はある種の原因（つまり、通常の意味での原因）を説明するために別の種類の原因を仮説するものである、というふうに解すれば、「仮説的方法によって説明されるべきことが仮説されている」ということにはならないだろう。それにまた、個物がイデアを分有するということが存在仮説から論理的に帰結するわけではないから、イデア論は、存在仮説とは別に、「分有仮説」を仮説する必要がある。

2 その批判については、第六章第一節参照。

3 言うまでもなく、作品中のソクラテスである。以下でも、特に断りのない限り、「ソクラテス」という名はプラトンの作品中のソクラテスを指すものとする。

4 仮説的方法は、『パイドーン』以前に書かれた『メノーン』において初めて導入された。むろん、『メノーン』においては仮説的方法はまだイデア論と結びついていないが、『パイドーン』における仮説的方法の原型と見做してよいだろう（ちなみに、想起説も、前章で述べたように、『メノーン』で初めて導入され、『パイドーン』に受け継がれた）。なお、『メノーン』における仮説的方法は、それの「何であるか」（定義）を知らないものについて「どのようなもの」であるかを探究するための方法として導入されたのであるが、『パイドーン』の仮説的方法はこの点を継承しているがゆえに、個々のイデアの「何であるか」は定義しないのであろう。

5 ちなみに、すぐ後で、個物に内在する性質と超越的なイデアが「我々のうちに（*en hēmin*）あるもの」と「自然のうちに（*en tēi physei*）あるもの」という表現によって区別されている（103b）。

6 Cf. R. Robinson, *Plato's Earlier Dialectic* (2nd ed.), Oxford, 1966.

7 ただし、プラトンが既に『パイドーン』の段階で仮説の意義をこれほど明確に自覚していたという証拠はない。それゆえ、彼が仮説と演繹の前提を明確に区別してはいなかったという可能性もある。しかし、『国家』においては仮説の意義を十分に理解していたと思われる〔次章第五節参照〕。——先の説明をよりよく理解していただくために、これとは別の「根本前提」の例を挙げるならば、例えば「神が存在する」という信念や、あるいはヘラクレイトスの「万物は流転する」という説やプロタゴラスの「人間は万物の尺度である」という説なども、このような類いの根本前提と理解することができるだろう。

8 *archē*は、「始原」という意味であるから、仮説を十分に遡った後に到達する究極の原理を指すように思われる。だが、もしそうだとすれば、「アルケーから出て来たものについての議論」とは、一旦究極の原理にまで遡った後の議論を指すことになるが、この条りでプラトンが、究極の原理に到達した後のことまで念頭に置いているとは思えない。それゆえ、この文における「アルケー」は、ここでは、たぶん、仮説を指すのであろう。いずれにせよ、プラトンの言わんとするところは、要するに、「仮説を遡る」議論と、仮説から何かを導き出す議論を混同してはいけない、ということである。ちなみに、これら二通りの議論の区別は、『国家』第六巻の「線分の譬喩《ひゆ》」における、哲学の方法と数学の方法の対比に対応している〔次章第二節参照〕。

9 要するに、「定義抜き」で探究を行なうということである。ちなみに『メノーン』における仮説的方法も、「何であるか」を知ることなしに「どのようなものであるか」について考察する方法である（cf.86d-e)。

第五章

仮説的イデア論Ⅱ

『国家』

プラトンは、『パイドーン』より少し後に書かれた『国家』の第六巻から第七巻にかけて、哲学的探究の目標と方法を三つの譬喩《ひゆ》を用いて説明している。すなわち、①哲学者の探究の究極目標となるべき「善のイデア」とはどのようなものであるかを「太陽の譬喩」によって説明し、②哲学的探究の方法を「線分の譬喩」によって説明し（以上、第六巻）、③哲学者教育の方法を「洞窟の譬喩」によって説明している（第七巻）。そのうちの線分の譬喩において、仮説的イデア論が――哲学的探究の方法として――導入される。そこで、本章では、その条りで説明されている仮説的イデア論を取り上げ、『パイドーン』における仮説的イデア論と比較することにしよう。ただし、三つの譬喩は互いに相補ってイデア論を説明するものであり、線分の譬喩だけを取り出したのでは十分に理解することはできないので、三つの譬喩すべてを取り上げることにする。

一　太陽の譬喩

『国家』においては、周知のように、国家の統治者としては哲学者が最も優れているという説（いわゆる「哲人王思想」）が述べられる（V473c-e）。ただし、プラトンの言う「哲学者」は、当時の一般の人々が考えている哲学者像とははなはだ異なるものである。というのも、一般の人々の考えでは、哲学者はむしろ国家にとって役に立たない人間だからである（cf.VI487c-d）。そのような人間が国家を統治するなどということは、一般の人々から見れば笑止千万なことである。そこでプラトンは、彼の考えている哲学者とはどのような者であるかを説明する（第五巻）。そして、さらに、哲学とは何であるか、また、哲学者を育成するためにはどのような教育をすればよいか、ということを論じる（第六-七巻）。その条りで、プラトンは、哲学者にとって「学ぶべき最も重要なもの」は「善のイデア」である、と主張する（VI505a）。それでは、善のイデアとはどのようなものか。プラトンはそれを太陽に擬《なぞら》えて説明する。それが、いわゆる「太陽の譬喩」である。その説明は、要点をまとめれば、以下のようなものである（507c-509a）。

視覚は他の感覚とは異なり、ものを見る場合には、視覚と視覚対象の他に、第三のもの、すなわち光が必要である。その光を供給するものは太陽である。それゆえ、太陽は目が視覚対象を見ることを可能にするものである。魂が思惟対象（イデア）を思惟する仕方も、これと類比的である。その場合は、光に当るものは真理であり、太陽に当るものが善のイデアである。したがって、善のイデアが、魂が思惟対象を思惟することを可能にするものである。

この説明を聞けば、「太陽の光に照らされた視覚対象を眼が見るように、真理に照らされたイデアを魂が見る」というふうに理解したくなるかも知れない。そうだとすれば、イデアの知は、視覚認識と同様の認識、すなわち言わば「直観的」な認識だということになるだろう。だが、プラトンは、イデアの知（エピステーメー）にはロゴス[*1]が必須の要件だと考えているので、イデアの知は「直観的」な認識ではないだろう。それでは、イデアはどのようにして知られるのであろうか。それを説明するのが「線分の譬喩」である。

二　線分の譬喩

線分の譬喩は、善のイデアを探究する哲学的探究の方法を説明するためのものである。それは比例関係を利用した説明で、「A：B＝C：D」という比例関係にある四項のうちの三項を説明し、そこから第四の項を類比によって理解させようとするものである。線分の譬喩においては、一本の線分が次のような手順で四つの部分A、B、C、Dに分割される（図5-1参照）。まず全体が、ある比率で、視覚対象を表す部分（A＋B）と思惟対象を表す部分（C＋D）に二分される。次に、それぞれの部分が同じ比率で二分される。そして、Aは似像[*2]すなわち影や水などに映った鏡像を表し、Bはその原物を表す、と説明される（他の部分の意味については後述する）。また、比率については、「明瞭さ」の度合もしくは「真理性」の度合を表すと説明されている。

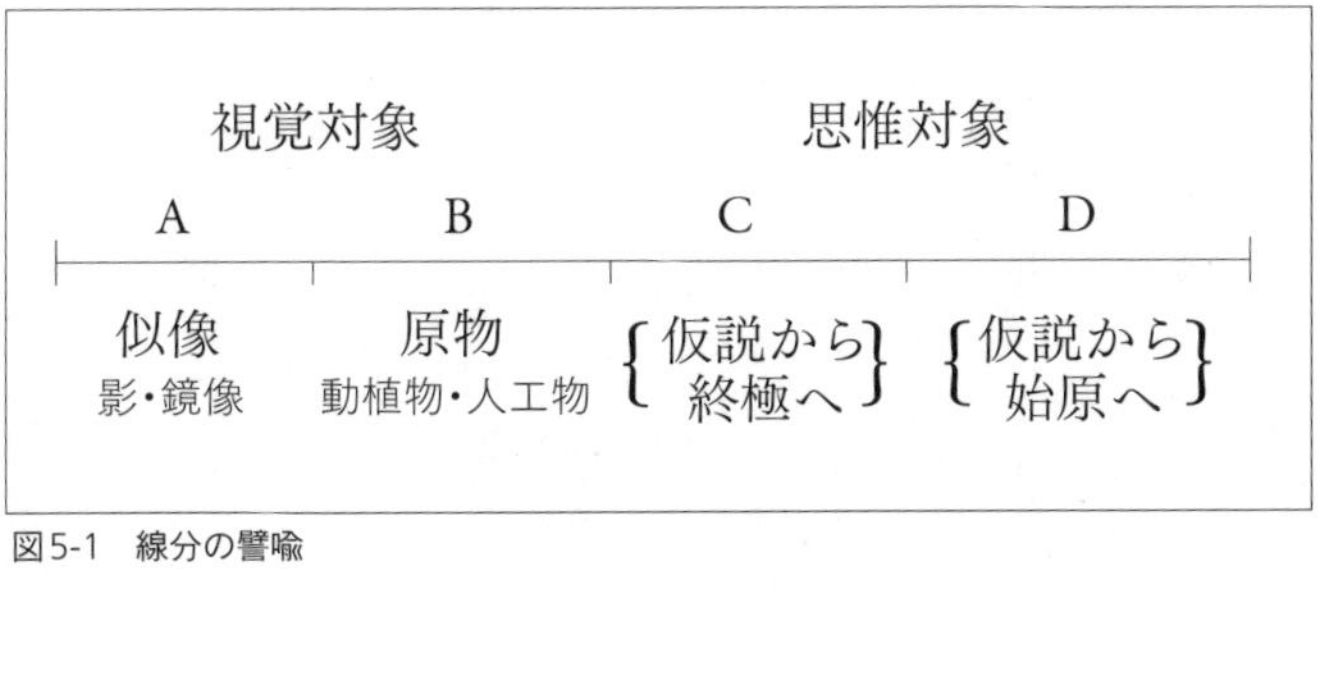

図5-1　線分の譬喩

線分は、次のような比例関係が成り立つように分割されている。

（視覚対象［A＋B］）：（思惟対象［C＋D］）＝（似像［A］）：（原物［B］）＝C：D

（以上、509d-510a）

このことは、視覚対象と思惟対象は——さらには、CとDも——ちょうど似像とその原物の関係と同様の関係にある、ということを意味する。ただし、その関係は「明瞭さ」あるいは「真理性」の度合の違いとして説明されており、したがって、必ずしも、個々の視覚対象が思惟対象の「似像」である——あるいはまた、Cに属するものはDに属するものの「似像」である——ということを意味するとは限らない。*3

線分の譬喩の目的はDを理解させることにある。そのためには、まずCを説明し、さらに、CとDがどのような意味で似像とその原物の関係と「同様の関係」にあるのかを説明しなければならない。そこで、ソクラテスの説明においても、まずCが説明され、その後にDについて説明が与えられるが、それらの説明は、AとBについての説明とは違って、対象の違いについての説明ではなく、探究の仕方の違いについての説明である。すなわち、CとDの違いは、数学の探究法と哲学の探究法の違いとして説明される。その説明は、要点をまとめれば、以下のようなものである（510b-511c）。

> 幾何学者や数学者は、奇数と偶数、図形、角の三つの種類〔直角・鋭角・鈍角〕などが存在すると仮説し、仮説そのものは正当化することなく、仮説から終極（*telos*）の方へ向かって探究を進める〔演繹〕。そして、その際には感覚的対象としての図形などを補助的に用いる。他方、哲学者は、イデアが存在すると仮説し、仮説そのものを正当化すべくアルケーへと向い、最終的には仮説でないアルケー（*archē anypothetos*）に到達し、しかる後にそこから終極へと向かって下降する。そして、探究の過程では感覚的対象は一切用いず、イデアのみを手懸りとする。

要するに、数学的探究は、（a）仮説から終極へと向かい、（b）感覚的対象を補助的に利用するのに対して、哲学的探究は、（a'）仮説からアルケーへと向かい、（b'）感覚的対象は一切利用しない、という違いがあるということである。なお、哲学的探究が最終的に到達する「仮説でないアルケー」とは——そもそも線分の譬喩は善のイデアについて探究する方法を説明するためのものであったことを考えれば——善のイデアのことであるということは疑いの余地がない。

線分の譬喩にはいくつかの問題点がある。以下で三つの問題点について論じよう。

（1）問題点1：「イデア」の二義性について

線分の譬喩には、よくよく考えてみると奇妙な点がある。その点に着目したプラトン研究者は、私の知る限り、一人もいないようであるし、そもそもプラトン自身もその点には気づいていなかったのではないかと思われる。その奇妙な点とは、次のようなことである。

仮説的方法における仮説とは、既に述べたように、個々のイデアが「存在する」という仮説であり、それぞれのイデアについて「何であるか」（定義）が仮説されるわけではない。そもそも仮説的方法は、『メノーン』で初めて導入された時から、「何であるか」を知らないものについて「どのようなもの」であるかを探究する方法であったし、『パイドーン』においても、諸々のイデアの存在が、「何であるか」を定義することなく、仮説された。『国家』においても、「善いものごとを知る以前には正しいものごとや美しいものごとを十分に知ることはできない」（506a）と言われていることから考えて、善のイデアを知った後に他のイデアの「何であるか」が知られるというふうに考えられていたと思われる。したがって、仮説的方法によって探究をする人は、探究を始める時には、それぞれのイデアの「何であるか」は未だ知らないはずである。それなのに、どうしてイデアが探究の手懸りとなりうるのであろうか。イデアについてのドクサが探究の手懸りとなるのではないか、と考えることはできる。だが、そうだとすれば、ドクサしか持っていない人はイデアを知らないのであるから、「イデアを手懸りとする」とは言えないはずである。

ここで、我々自身が仮説的方法によって探究することが可能であると仮定して、我々ならばどのようにして探究を行なうかを考えてみよう。我々が為すべきことは、次のことである。すなわち、美や正義などのイデアが存在すると仮説し、感覚的対象としての美しいものや正しいものを手懸りとすることなく、美や正義のイデアを手懸りとして探究を行なうこと。そのような探究を我々が行なうとすれば、我々が手懸りとするものは、美や正義について我々が既に持っている「観念」だと言うべきであろう。*4

観念とは何であるかに関してもさまざまな考え方があるが、少なくともそれは個々人の言わば「心の内」にあるものである。したがって、それは何か「超越的」なものとして仮説されるイデアとは別のものである（そもそも、我々の持っている観念に関しては、その存在を「仮説」する必要などないだろう）。このように考えると、プラトンが「イデアを手懸りとする」と言う時には、実は仮説された（超越的な）イデアとは別のもの（我々の言う「観念」に当たるもの）を「イデア」と呼んでいることになるのではないかと思われる。言い換えれば、プラトンは「イデア」という語を実は二義的に用いているということである。このことにプラトン研究者たちは着目していないし、おそらくプラトン自身も気づいていなかったのであろう。だが、そうだとしても、それは咎《とが》めるべきことではない。というのも、そもそもプラトンの時代には誰一人「観念」ということばも概念も持っていなかったのであるから。むしろ、「観念」という概念が——さらには、観念より抽象度の高い「概念」という概念も——生まれる端緒となったのがプラトンのイデア論である、というふうに理解すべきであろう。

（2）問題点2：「整合性の検討」について

線分の譬喩においては、仮説的イデア論は仮説からアルケーへと遡る探究方法と規定され、アルケー（すなわち、善のイデア）に到達した後は、再びアルケーから終極へと探究が進められると言われている。このうちの前者は、『パイドーン』における「仮説の正当化」に対応する。それでは、後者が「整合性の検討」に対応すると言えるであろうか。否。線分の譬喩における「アルケーから終極への探究」は、「仮説でないアルケー」からの探究であるから、（仮説の）「整合性の検討」には当たらないだろう。つまり、線分の譬喩においては、「整合性の検討」という過程は考慮されていないのである。

これは、プラトンが既に「整合性の検討」を済ませていたということを意味するのであろうか。仮にそうだとしても、仮説的イデア論において「整合性の検討」が重要な手続きの一つであることに変わりはないはずであり、したがって、線分の譬喩においても、それについて何らかの言及があって然るべきであろう。見方を変えれば、線分の譬喩において「整合性の検討」について何の言及もないのは、プラトンがそれを仮説的イデア論にとって重要な手続きとは考えなくなったからであり、それを既に済ませたからではない、と言うべきであろう。それはなぜか。プラトンは、仮説を遡って善のイデアに到達することができれば、それによって仮説的イデア論は十分に正当化されるので、「整合性の検討」など必要ない、と考えたのではないかと思われる。[*5] それでは、プラトン自身は、仮説を遡って善のイデアに到達することができたのだろうか。この点に関しては（3）で論じるが、結論を先取りして言えば、プラトンは善のイデアに到達することはできなかったと思われる。それでは、「整合性の検討」の問題はどうなったのか。ここではこの問題に立ち入ることはできないが、予め私の解釈を簡単に述べておくならば、『パルメニデス』第一部のイデア論批判によって「分有仮説」の整合性が検討され、第二部の議論によって「存在仮説」の整合性が検討されているのではないかと思われる。この解釈の詳細については、次章で改めて論じることにする。

（3）問題点3：「仮説でないアルケー」について

「仮説でない」アルケーはいかなる基準によって「真」と言えるのだろうか。この点については、プラトンは何も説明していない。おそらく、彼自身がそのようなアルケーに到達することができたわけではないのだろう。というのも、「仮説でないアルケー」とは、先に述べたように、善のイデアのことであると思われるが、彼が善のイデアを知っていたかどうかは疑問であるし、そもそも「仮説でないアルケー」としての「善のイデア」という考え方自体が、『国家』以後の作品ではまったく見られないからである。だが、仮に事実はその通りであったとしても、「仮説でない」アルケーというものを持ち出している以上、それが「真」であるかどうかを判定する基準については、プラトンも何らかの考えを持っていたのではないだろうか。否。必ずしもそのように考える必要はない。なぜか。仮に我々が仮説を遡って行っていつかは「仮説でないアルケー」に到達しうるとすれば、あるいは、少なくともプラトンはそのように考えていたのだとすれば、そのようなアルケーはいかなる基準によって「真」であるのか、ということは彼にとって重大な問題となったことであろう。しかしながら、「仮説でないアルケー」というのは、現実的な目標というよりはむしろ、理念的あるいは理想的な目標であるように思われる。というのも、既に述べたように、プラトンは「知恵ある者(*sophos*)［すなわち、エピステーメーを持つ者］」は神のみであり、人間はせいぜい知恵を愛求する者(*philosophos*)にしかなれない」というふうに考えていたようだからである［第一章註12参照］。そうだとすれば、「仮説でないアルケー」は我々人間には知られえないということになり、したがって、それがいかなる基準によって「真」であるかはさして重要な問題ではないだろう。だが、それならば、なぜそのようなアルケーがあると主張する（あるいは、仮説する）必要があるのだろうか。この点に関しては、私は以下のように理解すべきだと考える。

プラトンにとっては、エピステーメーの問題は単に認識論の問題というだけではなく、それ以上に、倫理的な問題――言い換えれば、生き方の問題――である。彼にとって理想の生き方は言わば「倫理的価値の絶対的基準（善のイデア）に則った」生き方であるが、それはそのような「基準」を知っている者すなわち知恵ある者、つまり神の生き方であり、生身の人間にとっては実行不可能なことであるから、可能な限りそれに近づくように努力すること、すなわち「神に似ること」（*homoiōsis theōi*）が人間にとっては最善の生き方だということになるのであろう。したがって、重要なことは、「仮説でないアルケー」を目指して倦まず弛まず知的な努力を――すなわち、「知恵の愛求」（*philosophia*）としての哲学的探究を――続けることなのである。[*6]

三　洞窟の譬喩

洞窟の譬喩というのは、次のような譬喩的説明である（514a-517a）。

地下の洞窟の中に子どもの時から住んでいる人たちがいる。彼らは、壁に向かって坐り、脚と頭を縛られて固定されているため、身動きすることも後ろを振り返ることもできない。彼らの背後上方には火が点っており、火と彼らの中間上方には［壁と平行方向の］道があり、その道に沿って塀が築かれていて、ちょうど人形芝居の舞台のようになっている。この塀の上を人形やさまざまな種類の小道具が運ばれて行き、その影が彼らの前の壁面に映る。運ぶ人は、声を出すこともあれば、黙っている場合もある。我々は、以下のような点で、この洞窟の囚人たちのようなものである。彼らは、自分自身の姿もお互いの姿も、火によって前の壁面に映し出された影しか見ることができない。背後の塀の上を運ばれるものについても同様である。そこで、彼らが互いに哲学的議論をすることができるとすれば、目に見えているもの［影］が実在するものだと思っていることだろう。また、背後を通り過ぎるものが声を発すると、前面の壁に反響した声を聞いて、影が声を発していると思うだろう。[*7] 彼らは、影のみが真なるものだと思っていることであろう。

彼らのうちの誰かが束縛を解かれ、後ろを振り返って光の方を見るように強いられたとしよう。そして、眩しすぎて影の本体を見ることができないうちに、彼に、「いままで見ていたものは無価値なものであり、いまこそ実在するもの［イデア］により近いものを見ているのである」と告げ、塀の上を通り過ぎるものを指差して、「（あれは）何であるか」と問い、無理に答えさせようとすると、彼はアポリアに陥り、[*8] いままで見ていたものの方が真なるものだと思うだろう。さらに、光そのものを見るように強いると、彼は眼に苦痛を感じ、影へと逃れ、影の方が明瞭だと思うことだろう。

　彼に無理やり険しい道を上らせ、地上へと連れ出すと、眼が太陽の光に満たされ、我々[*9]地上の人間が「真なるもの」と言うもの［地上における実物］は何一つ見ることができない。地上のものを見るためには次第に慣れて行くことが必要で、まず最初は影を見るのが最も容易であり、次に水などに映った鏡像[*10]を見ることができ、しかる後に、実物を見ることができるのである。その後、夜空の星や月を見、最後に昼の太陽そのものを見ることができるようになる。すると彼は、太陽は、季節と一年を作り、[*11] 目に見える世界の万物を支配し、ある意味では地下のものすべての原因でもある、と考える。そして、地下の世界とそこでの知恵、さらには当時の仲間を思い出して、わが身の境遇の変化を幸福だと思い、仲間を憐れむ。地下では、壁面を通り過ぎるもの〔影〕を最も明瞭に見ることができ、常に相前後して通り過ぎるものや常に一緒に通り過ぎるものを最もよく記憶し、それに基づいて未来を最もよく予測することのできる者[*12]が尊敬され賞賛されていたが、彼らのことを少しも羨ましく思わないであろう。

彼が再び地下に下って元の座に坐ったとすれば、最初は、眼が闇に満たされているために、地下の囚人たちと影をめぐって議論をする必要が生じると、目が慣れるまでの間は物笑いの種となるだろう。[*13]そこで、人々は、彼は地上に行って眼をやられて来たと言い、また、地上は行くに値しない所だと言うであろう。[*14]そして、彼らを解放して地上へ連れ出そうとする者を捕まえて殺してしまうことができるならば、そうすることであろう。[*15]

四　洞窟の譬喩と線分の譬喩の対応づけ

洞窟の譬喩によれば、我々普通の人間が洞窟の囚人に擬えられているのであるから、洞窟の囚人が壁面の影しか見ていないように、我々は感覚的世界でものの影しか見ていないということになるように思われる。だが、そのように理解するのは正しくない。それでは、どのように理解すべきなのか。

洞窟の譬喩においては、認識の対象が、洞窟内の影とその本体、および地上の影とその本体の四種類に分けられているが、これは線分の譬喩における線分Ａ、Ｂ、Ｃ、Ｄに対応する。それゆえ、洞窟内の影を見るという譬喩は、線分Ａに属するものを見るということと理解すべきであろう。他方、線分の譬喩においては、線分Ａに属するものとして影や鏡像が挙げられているが、この「影」と線分Ｂに属するものとして挙げられている（影の本体である）動物や植物や人工物も、文字通りの意味に解すべきではなく、譬喩と理解すべきであろう。それでは、洞窟内の影とその本体として、言い換えれば線分ＡとＢに属するものとして、我々は何を考えればよいのであろうか。

第一に、線分の譬喩は同じものについての四通りの認識を区別するための譬喩と理解すべきであり、第二に、線分Ｄに属するものとしてはイデアが考えられているのであるから、線分ＡとＢに属するものも、さらには線分Ｃに属するものも、イデアとの関係において理解すべきであろう。これら三種類のものの違いを理解するためには、次の議論が手懸りになる（524a-c）。

最初に触れた時には固いと感じた対象に二度目に触れた時には柔らかいと感じた場合、魂は、「同じものが固いものでありかつ柔らかいものである」と認識してアポリアに陥るが[*16]、理性的思惟を援用することによって、固いものとその固さ、柔らかいものとその柔らかさを区別することができる。ここに到って初めて、我々は「固さおよび柔らかさとは何であるか」と問うことに思い至るのである。

ここでは、理性的思惟を援用して初めて、固いものとその固さ、柔らかいものとその柔らかさを区別することができると述べられている。その時、固いものおよび柔らかいものから区別された固さと柔らかさは、触覚によって感じられた個別的な固さと柔らかさである。他方、理性的思惟が「固さおよび柔らかさとは何か」と問う時には、個別的な固さと柔らかさではなく、普遍的な固さと柔らかさを問題にするのである。ただし、それらは、理性的思惟の対象となっているものであるから、（超越的な）イデアではなく、「観念」と言うべきものである。要するに、ここでは次の三段階の認識が区別されているのである。（固さ・柔らかさから区別されない）固いもの・柔らかいものの認識。①理性的思惟を援用する前の、柔らかさの認識。②個別的な固さ・柔らかさの認識。③普遍的な固さ・柔らかさの認識。これに（超越的な）イデアの認識を付け加えると、全部で四段階の認識が区別されることになり、線分の譬喩と対応づけることができる。

以上のように理解するならば、例えば美について、線分A、B、C、D（あるいは洞窟内の影とその本体と地上の影とその本体）の違いを次のように区別することができる。

A：美しいもの（美しさという属性を持っているもの）
B：感覚の対象としての個別的な美しさ
C：理性的思惟の対象としての普遍的な美（美の観念）
D：美のイデア

五　哲学者教育論

それでは、囚人を解放して地上へと連れ出し、地上のものを見させるという譬喩は、何を言わんとしているのであろうか。これは、実は、我々を哲学者にするための教育を譬喩によって語っているのである。

洞窟の囚人の束縛を解いて後ろを振り返らせるという譬喩については、次のように説明されている。「眼を影から光の方へと向け換えさせるためには身体全体と一緒に向け換えさせなければならないが、それと同様に、理性を〈生成するもの〉〔感覚的対象〕から〈あるもの〉〔イデア〕の方へと方向を転じさせるためには魂全体と一緒に方向を転じさせなければならない」(518c)。魂全体を〈生成するもの〉から〈あるもの〉の方へ方向転換させるとは、感覚的対象の方を向いている魂をイデアの方に向かせるということであるが、これは、要するに、感覚的対象の存在しか認めない魂にイデアの存在を認めさせるということである。これは、言い換えれば、仮説的イデア論の「存在仮説」を承認させるということであるが、その承認は、「魂全体と一緒に方向を転じさせる」という言い方が示しているように、魂のあらゆる機能ないし能力をも巻き込んで、言い換えれば、自己の生き方を賭して、「存在仮説」を、理論的にも実践的にも、真として受け入れるということであり、言わば「世界観」の根本的転換を意味するのである。このようなことを実現するのが、ソクラテスのエレンコスである〔註8参照〕。

洞窟の囚人を地上へ連れ出し、地上の影と実物を見させ、最終的には太陽を見させるという譬喩は、すぐ後で、哲学者教育の教育課程として説明されている。それによれば、哲学者教育は予備教育と専門教育に分けられ、予備教育は、算術（数学）、（平面）幾何学、立体幾何学、天文学、音階学（要するに、数学とその応用）からなり、専門教育は「ディアレクティケー」と呼ばれている。そして、予備教育の役割については次のように説明されている。算術（数学）や幾何学の対象（つまり、数や図形）は、感覚の対象ではなく、理性的思惟の対象であるから、これらの学問は魂の眼を理性的思惟の対象へと向けさせる。天文学は宇宙の数学的秩序を学ばせるのに役立つ。というのも、天文学の対象である天体は、円軌道を、常に一定の単純な整数比をなす相対速度で運行しているからである。音階学は楽音の数的秩序を学ばせるのに役立つ。というのも、音階は比較的単純な整数比によって構成されているからである。そして、これらの予備教育を学んだ者を、線分の譬喩で説明された哲学的探究の方法によって、最終的には善のイデアについての知（エピステーメー）へと導く方法、それがディアレクティケーである。

六　結び

三つの譬喩を用いたプラトンの説明によって、我々は、『国家』における仮説的方法とは「イデアの存在を仮説し、そのイデアを手懸りとして仮説を遡って行くことによって、究極の原理である善のイデアについて探究する方法」であるということは理解できる。だが、その探究がどのようにして行なわれるのかは、具体的な説明がないので、理解できない。具体的な説明がないのは、たぶん、プラトン自身がこの方法を具体的に考えていなかったからであり、したがってまた、彼自身もまだこの方法を実際に遂行してはいなかったからであろう。それでは、『国家』以後に、彼は仮説的方法による善のイデアの探究を実際に遂行したのであろうか。もし遂行したとすれば、それによって何を得たのであろうか。おそらく、プラトンは、仮説から出発して原理へと遡る探究は遂行し難い、ということに気づいたのではないだろうか。というのも、『国家』以後は、善のイデアを究極目標とするような探究法が再び語られることはないからである。その代わりに、プラトンは『パルメニデス』においてイデア論の根本的な再検討を行なっている。この作品は、私の理解するところでは、仮説的イデア論の原点とも言うべき『パイドーン』に立ち返り、そこで立てられた二つの仮説——すなわち、「存在仮説」と「分有仮説」——を根本的に再検討しているように思われる。私のこのような解釈は、(私の知る限りでは)先例のない解釈なので、次に『パルメニデス』の内容を詳細に検討して、この解釈の妥当性を確かめたい。

註

1 プラトンは、あるイデアについてエピステーメーを持っている者は、そのイデアについて「ロゴスを与える」(*logon dounai*) あるいは「ロゴスを遣り取りする」(*logon dounai kai dexasthai*「プラトンが「哲学的議論をする」という意味でよく用いる表現」) ことができなければならない、と言う。この場合の「ロゴス」とは何らかの「説明」のことであるが、どのような説明であるかは明確に規定されてはいない。

2 「似像」という語は辞書にはない語であるが、日本のギリシャ哲学研究者の間で、ギリシャ語の *eikōn* の訳語として定着しているので、本書でもこれを用いることにする。

3 『国家』では、個物がイデアを「分有している」という関係が、個物がイデアの「似像である」という関係として説明されているようにも思われるが、個物がイデアの似像であると明言されている箇所はない。

4 観念も感覚から得られたものではないか、という反論も考えられるが、プラトンが(すぐ後で述べるように) 観念をイデアと考えていたとすれば、我々ならば「観念を持つ」と表現する事態を、彼は「イデアを見る」こととして理解し、それを感覚とはまったく別の種類の認識と見做していたことになるだろう。

5 そうだとすれば、『国家』においては『パイドーン』の仮説的イデア論に変更が加えられたということになる。

6 『メノーン』においてソクラテスが想起説の意義に関して述べているコメントは、このような考え方を表明したものである［第三章第三節（4）参照］。

7 このような状況設定は極めて非現実的だと思われるかも知れないが、我々も映画を観る時に似たような経験をすることができる。ただし、念のために断っておくが、プラトンは、我々の通常の認識が「影の認識」のようなものだと言わんとしているのである。その意味については、第四節で論じる。

8 初期対話篇におけるソクラテスのエレンコス（論駁的議論）を思い起こさせる説明である。

9 洞窟の囚人は譬喩によって語られる「我々」であるが、ここで言う「我々」は譬喩を語る者の側に立つ「我々」である。以下では、後者の「我々」の立場から、地下からやって来た人の様子が描かれる。

10 これらは、線分の譬喩において「似像」と呼ばれたもの（線分A）であるが、洞窟の譬喩を線分の譬喩に対応づけるとすれば線分Cに当たる。

11 時の流れに「秩序を与える」ということを言わんとしているのであろう。

12 英国経験論の哲学者ヒューム（一七一一 - 一七七六）の「恒常的連接」（constant conjunction）という考え方を連想させる。だが、プラトンが言わんとしているのは、たぶん、彼らはイデアを知らないのだから出来事の真の原因を知らない —— 言い換えれば、イデアを知れば真の原因を知ることができる —— ということではなく、（イデアを知っていることが「知恵」であるのに）未来を予測できることが「知恵」と見做されている点が問題なのだということであろう。

13 なぜ物笑いの種になるのかと言えば、哲学の（抽象的な）議論はそのままでは一般の人たちには通用しないのに、敢えてそれを用いようとすると、彼らには理解されず、愚にもつかないことを言っていると判断されるからである。プラトンの作品中のソクラテスもしばしば嘲笑されるが（例えば、『ゴルギアス』ではカリクレースによって、『国家』第一巻ではトラシュマコスによって――ただし、最後にはソクラテスが彼らを論駁する）、おそらく、歴史上のソクラテスもしばしば同じような目に会ったのであろう。

14 「地上に行く」とは哲学をすることを意味する。一般の人々の哲学蔑視は、プラトンがしばしば話題にするところである。

15 地下に戻った者の話は、たぶん、歴史上のソクラテスに関する事実を念頭に置いて語られているのであろう。というのも、歴史上のソクラテスも「物笑いの種」となったという伝承があるし、また、彼が「捕まえて殺して」しまわれたことは周知の事実であるから。

16 なぜ魂はアポリアに陥るのであろうか。「理性的思惟を援用することによって、固いものとその固さ、柔らかいものとその柔らかさを区別することができる」と言われていることから判断して、「理性的思惟を援用」する以前にはこれらが区別できないということになるだろう。そうすると、魂は、対象が固さあるいは柔らかさという属性を持っているというふうに理解することができず、対象を固いものおよび柔らかいものと同一のものと――すなわち、「固いもの＝対象＝柔らかいもの」と――理解し、その結果、「固いもの＝柔らかいもの」という矛盾が生じることになり、アポリアに陥るのである。

◉第六章

イデア論の再検討
『パルメニデス』

『パルメニデス』は、内容においても形式においてもはなはだ異なる二つの部分からなっている。それぞれの部分を、一般的慣習に従って、「第一部」、「第二部」と呼ぶことにしよう。第一部においては、イデア論が（特にその「分有仮説」が）批判され、第二部においては、「一のイデアが存在する」という仮説から、互いに矛盾すると思われるさまざまな帰結が導き出されている。このことから判断するに、第一部は「分有仮説」の「整合性の検討」という意味を持ち、第二部は「存在仮説」の「整合性の検討」という意味を持つように思われる。このことを、以下で確かめよう。

一　イデア論批判

『パルメニデス』第一部では、「同じものが似ておりかつ似ていないということは不可能である」（127e）というエレア派のゼノンの主張に対して、ソクラテスが、イデア論を持ち出して次のように反論する（128e-129a）。

似ているものは類似のイデアを分有していることによって似ているのであり、似ていないものは非類似のイデアを分有していることによって似ていないのであるから、同じものが両方のイデアを分有していることによって「似ておりかつ似ていない」ということは何ら不可能なことではない。[*1]

この反論の際に、ソクラテスはイデア論についていくつかのことを説明するが、その説明は——内容においてだけでなく、ことば遣いにおいてまでも——『パイドーン』の仮説的イデア論の説明と極めてよく似ている。このことは、プラトンは『パルメニデス』でイデア論を導入する当たって『パイドーン』の仮説的イデア論を念頭に置いていた、ということを示していると思われる。そうだとすれば、そのことは——つまり、プラトンが『国家』ではなく『パイドーン』の仮説的イデア論を念頭に置いていたということは——『パルメニデス』におけるイデア論批判は、仮説的イデア論をその原点に立ち帰って再検討するという意味を持つ、ということを示していると考えられる。そうだとすれば、プラトンは、『国家』において『パイドーン』の仮説的イデア論をある方向へ発展させようと試みたが、つまり、「仮説でないアルケー」（善のイデア）にまで仮説を遡る方法として規定しようと試みたが、その試みはうまく行かなかった、と推測される。

前置きはこれくらいにして、イデア論批判の議論の中身に入ろう。イデア論批判の議論は全部で四つあるが、ここでは「分有仮説」を批判する第二、第三の議論のみを取り上げる。

（1）個物が分有するのはイデアの全体か部分か

パルメニデスは、個物がイデアの全体を分有するという考え方を次のように批判する（131a-b）。

一なるものであるイデアが全体として個物のうちにあるとすれば、イデアは、一つの同じものでありながら、離れて存在する多くのもののうちにその全体が同時にあることになり、したがって、自己自身から離れて存在することになる。

他方、個物がイデアの部分を分有するという考え方についても、まず、「単一・単純なるイデアが分割されることになる」と批判し（131c）、さらに、次のような議論を展開する（131c-e）。

①大きいものが大のイデアの部分によって大きいとすれば、［大のイデアより］小さいものによって大きいということになる。

②等しいものが等しさのイデアの部分によって何かと等しいとすれば、［等しさのイデアより］小さいものによって等しいということになる。

③小さいものが小のイデアの部分を持っているとすれば、小のイデアはその部分よりは大きいから、小のイデアは大きいものであることになる。

④小のイデアの部分が付け加わったものが、それ以前より大きくなるのでなく、小さくなる、というのは不合理である。

この批判は「イデアを分有している個物のうちにはイデアの全体もしくは部分が内在している」という前提に立っている。この前提を認める限り上の批判は有効である。だが、『パイドーン』の仮説的イデア論においては、第四章で述べたように、イデアとそれを分有しているものの存在論的な関係は意図的に等閑に付されていたし（100d）、「自然のうちに（*en tēi physei*）ある」と「我々のうちに（*en hēmin*）ある」という表現によって、イデアと個物のうちにある属性が明確に区別されていた（102d、103b）。したがって、『パイドーン』における仮説的イデア論は上のようなことを前提していない。それゆえ、上の批判は「分有仮説」にとって致命的なものではない。

（2）第三人間論

第三の批判は「第三人間論」という名で呼び慣わされている。[*2]「第三人間論」については、ヴラストス〔第二章註2参照〕がその論理的構造を分析して、画期的な解釈を提示した。[*3]しかしながら、彼の解釈は問題に決着をつけるどころか、英米の分析哲学的研究者の間で異論・反論が続出し、言わば白熱した論争の火蓋を切ることになった。その論争は未だに決着を見ていない。だが、その論争はプラトンのテキストを離れて独り歩きしている観があるので、以下ではプラトンのテキストに即して論じることにしたい。なお、現代の分析哲学的なプラトン研究者たちの間では「第三人間論」（Third Man Argument）はしばしばTMAと略称されるので、私もこの略号を用いることにする。また、「第三人間論」と呼ばれる議論が二つ提示されているので、それらをTMA1、TMA2と略称することにする。

現代の研究者たちの論争においては、プラトンがイデアの「自己述語」（Self-Predication）を承認するか否かが重要な鍵となっているので、この点について一言説明しておこう。イデアの「自己述語」とは、例えば「美のイデアは美しい」というように、Fのイデアに「F」が述語づけられるということであるが、それは――「述語づけられる」という語の意味によって――「FのイデアがFという属性を持っている」ということを意味する。だが、そもそもFのイデアとは、Fであるもの（例えば、美しいもの）のFという属性（美しさ）を言わば「イデア化」したものであるから、Fのイデアは、Fという属性を持っているのではなく、Fという属性そのものなのである。[*4] したがって、プラトンは、FのイデアがFであることは認めるであろうが、Fのイデアに「F」が述語づけられるということは承認しないだろう。

それでは、第三の批判の議論の展開を辿ろう。それは五つの段階に分けられる。

［1］最初に、パルメニデスがTMA1を提示する（132a-b）。その骨子は次のような議論である。

> 多くのものを「大きい」と認識した時には、それらすべてに一つの同じ特徴があると思われるので、このことから、ソクラテスは、大のイデアが存在すると考える。そうすると、大のイデアと他の大きいものについても、魂によってそれらを見ると、すべてが「大きい」と認識されるので、第二の大のイデアが存在することになる。かくして無限後退が生じる。

プラトンがイデアの「自己述語」を認めないとしても、大のイデアが大という属性であることは認めるであろうから、彼にとってはこの批判は有効であるように思われる。だが、この批判には、現代の研究者たちが見逃している、重大な問題点がある。それは、大のイデアは「魂によって見る」ことのできるものであるかのように前提している点である。この前提を否定すれば無限後退は生じない。しかも、そのことはプラトン自身も承知していたと思われる。このことは、TMA1に対するソクラテスの反論によって確かめられる。

［2］ソクラテスはTMA1に対して次のように反論する（132b）。

イデアとはノエーマであり、それが生じる場所は「魂のうち」である、と考えれば無限後退は生じない。

これを「イデア＝ノエーマ説」と呼ぶことにしよう。「ノエーマ」（*noēma*）とは「思惟（*noein*）の結果として生じたもの」を意味するが、要するに（我々の言う）「観念」のことだと理解すればほぼ間違いない（このことは、［3］の議論でも確かめられる）。そうすると、ソクラテスの反論のポイントは、イデアは、「魂のうち」にあるノエーマ（観念）であるから、そもそも認識の対象となりえない、という点にあることになる（このことも、［3］の議論で確かめられる）。しかしながら、「イデア＝ノエーマ説」は、TMA1に対しては有効な反論であるが、我々の持っている観念（ノエーマ）がイデアだということになるという難点がある。そこで、この点にパルメニデスの批判が向けられる。

［3］パルメニデスは「イデア＝ノエーマ説」を次のように批判する（132b-c）。

ノエーマには必ず対象がある。それは、すべての大きいものに共通に備わっていると思惟されているもの（ノゥーメノン）[*5]であり、これこそがイデアである。仮に、そうではなくて、ノエーマがイデアなのだとすれば、イデアを分有しているものはノエーマを持っていることになるから、そのようなものはすべて思惟するか、ノエーマでありながら思惟できないものだということになる。

まず第一に言えることとは、パルメニデスは思惟の対象（ノゥーメノン）をノエーマから区別しているのであるから、彼もノエーマが思惟の（したがってまた、認識の）対象だとは思っていない、ということである。これによって、先述のソクラテスの反論がTMA1に対して有効な反論であったということが確かめられるとともに、ノエーマとノゥーメノンという区別が観念とその対象という区別に当たるということが理解されるであろう。

第二に、パルメニデスはノエーマがイデアであるという主張そのものも批判しているが、この批判は有効な批判ではない。[*6] なぜなら、「イデアを分有しているものはノエーマを持っていることになる」という彼の主張は、「イデアを分有しているものにはイデアの部分もしくは全体が内在している」ということを暗黙のうちに前提しているが、この前提は、パルメニデス自身が批判したように〔本節（1）参照〕、正しくないからである。さらに、パルメニデスはノエーマが思惟するものであるかのように論じているが、この点も正しくない。なぜなら、ノエーマは、先に述べたように、思惟の結果として生じたものであり、それ自体は思惟するものではないからである。

［4］次に、ソクラテスが次のような提案をする（132c-d）。

イデアとは「自然のうちに」[*7] 存在しているパラデイグマ（範型）であり、個物がイデアを「分有している」というのは、そのようなパラデイグマの「似像である」という意味である。

これを「イデア＝パラデイグマ説」と呼ぶことにしよう。ここで言うイデアは「超越的」なイデアと理解してよいだろう〔註7参照〕。それは、たいていの人が（おそらくは、（プラトン自身も）未だ知らないものである。したがって、それは、パルメニデスが言う意味で「思惟の対象（ノウーメノン）」と言うことはできない（というのも、パルメニデスのいう「思惟の対象」とは、我々の実際の思惟の対象のことであるから）。したがって、ソクラテスの提案は、［3］におけるパルメニデスの主張に対する反論という意味を持つ。しかし、この提案もパルメニデスによって批判される。

［5］パルメニデスは、次のような議論（TMA2）によって「イデア＝パラデイグマ説」を批判する（132d-133a）。

イデアを分有しているものがイデアに似ているのだとすれば、イデア自身もそれを分有しているものに似ているはずである。そうすると、似ているものは一つのイデアを分有しているのであるから、イデアとそれを分有しているものも一つの［第二の］イデアを分有していることになる。かくして、無限後退が生じる。

これをもって第三の批判は終っているのであるが、プラトンはこの批判に対しても反論することができたのであろうか。彼は、先に述べたように、イデアの「自己述語」

は認めないとしても、ＦのイデアがＦ（という属性そのもの）であるということは承認するだろう。そうすると、Ｆのイデアとそれを分有しているものとは互いに似ているということも受け入れざるをえず、彼にとってはTMA2は有効な批判だと認めざるをえないであろう。

そうだとすれば、プラトンの採るべき道は二つある。第一の道は、超越的なイデアに関して（フッサール［一八五九－一九三八］の術語を借用するならば）「エポケー（判断中止）」という態度を取るという道である。この方策を採るならば、仮説的イデア論は観念としてのイデアしか扱えないことになり、「分有仮説」については語れなくなるだろう。第二の道は、ＦのイデアがＦ（という属性そのもの）であるという考え方を捨てることである。この方策を採るならば、イデアは具象的な内容を持っていないものと考えざるをえなくなるだろう。だが、このことはイデア論そのものを無意味にするわけではない。というのも、イデアを「具象的」な観念に対応するものではなく、「抽象的」な概念に対応するものと考えればよいからである。[*8] むしろ、これこそがイデア論の採るべき道だと思われる。ただし、この道を採ると個物がイデアを「分有している」という考え方はますます意味を持たなくなり、やはり「分有仮説」については語れなくなるだろう。それでは、プラトン自身はどちらの道を採ったのか。差し当たっては第一の道を採ったと思われる。というのも、第一に、プラトンは『パルメニデス』以後は、専らイデア相互の関係（我々のことばで言えば、普遍的なもの相互の関係）を問題にするようになり、イデアと個物の関係は問題にしなくなるからであり、第二に、『パルメニデス』以後もプラトンはイデアを具象的なものと考えていたように思われるからである。[*9]

以上の批判の結果、プラトンにとっては、個物が超越的なイデアを分有するという考え方は維持できないということが、イデア論の問題点として残ったと思われる。これは、仮説的イデア論の「分有仮説」を危殆《きたい》に瀕《ひん》せしめる問題である。そこで、我々は次のように結論してよいように思われる。プラトンは、『パルメニデス』第一部のイデア論批判によって「分有仮説」の「整合性の検討」を行ない、この仮説は維持し難いという結論に達した。

二　『パルメニデス』第二部の議論について

第二部の議論は、八つの議論群からなっている（それらをローマ数字のⅠからⅧまでの番号で呼ぶことにしよう）。それらは、大きく分けると、二つのグループに分かれている。すなわち、(A)「一のイデアがある」という仮説に基づくグループ(I―IV)と、(B)「一のイデアはない」という仮説に基づくグループ(V―VIII)とである。そして、それぞれのグループは、さらに二つのグループに分かれている。すなわち、(1)「一のイデアにとって」どのようなことが帰結するかを論じるグループ(I・IIとV・VI)と、(2)「(一のイデアの)他者にとって」どのようなことが帰結するかを論じるグループ(III・IVとVII・VIII)とである。さらに、これら四つのグループのそれぞれが二つの議論群からなる。それら二つの議論群を区別する基準は明確ではないが、内容を一瞥した限りでは、肯

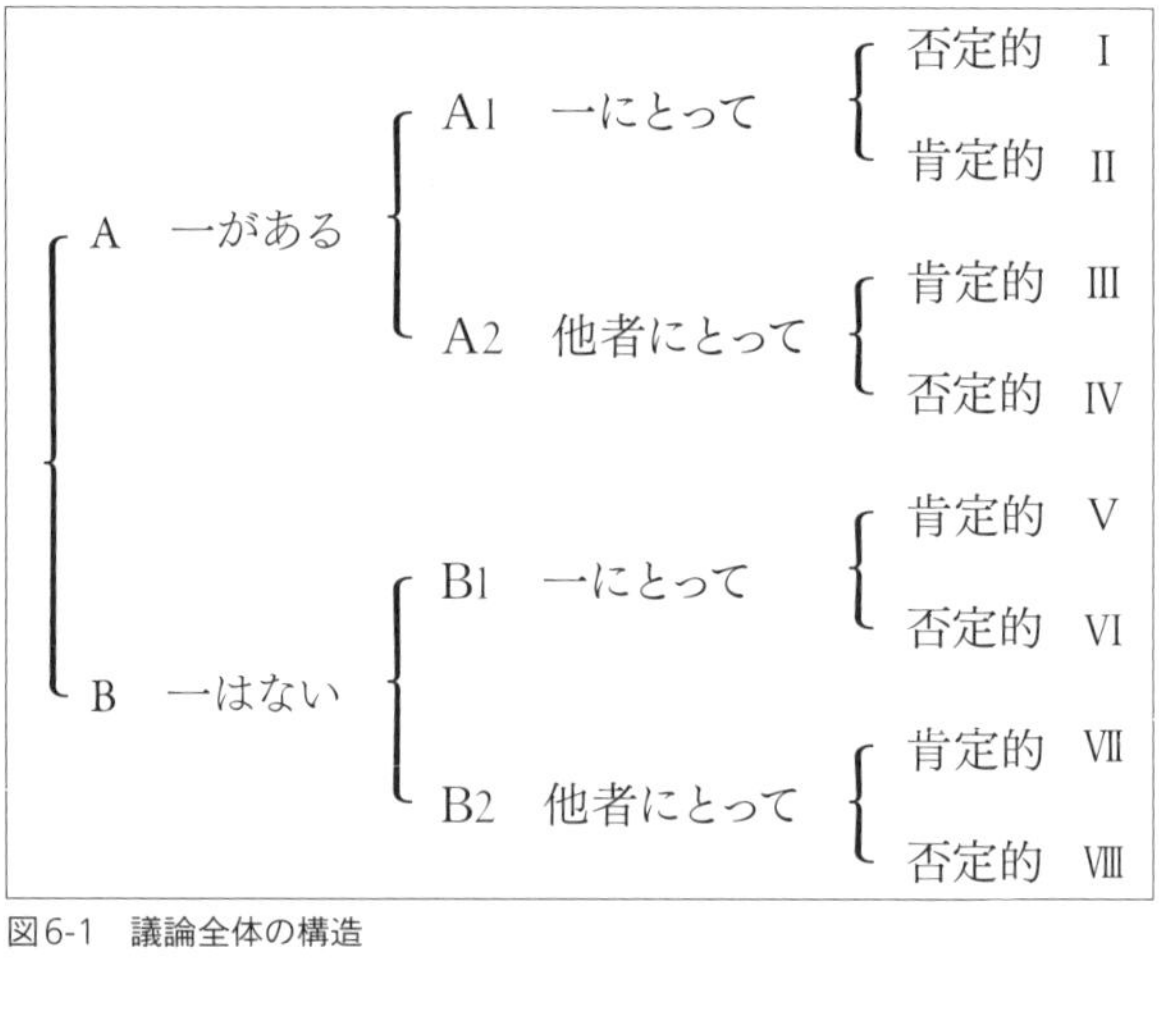

図6-1　議論全体の構造

定的な帰結を導出する議論群と否定的な帰結を導出する議論群という特徴を示している。議論全体の構造を表にして示すと、図6-1のようになる。

第二部の議論全体をこのような構造の下に理解するという点では、ほとんどすべての解釈者の意見が一致している。また、A1、A2、B1、B2の下位グループが（形式的に見れば）アンティノミー（二律背反）をなしていると理解する点でも、大部分の解釈者の意見が一致している。ともかく、議論の内容を簡単に紹介しよう。

（1）第I議論

第I議論においては、「もし《一》[*10]があるならば」という仮定の下に、以下のような帰結が導出される（それぞれについて証明も行なわれているが、それは割愛する）。

1. 《一》は多なるものではない。
2. 《一》は部分を持たない。
3. 《一》は初めも終りも真ん中も持たない。
4. 《一》は無限である。

5. 《一》は形を持たない。
6. 《一》は他者の内にも自己の内にもない。
7. 《一》は質的変化をせず、回転運動も移動もせず、静止してもいない。

（以上、137c-139b）

以上のように規定される《一》は、一見、不可解なもののように見えるが、それは《一》を空間的に理解しようとするからであろう。もっとも、この議論自体が「《一》は空間的なものである」と暗黙のうちに前提しているように思われる。おそらく、我々は、このような暗黙の前提に問題があるということに気づくべきなのであろう。

8. 《一》は自己と異なるものでも他者と同じものでもなく、他者と異なるものでも自己と同じものでもない。
9. 《一》は、自己とも他者とも、似ているものでも似ていないものでもない。
10. 《一》は、自己とも他者とも、等しいものでも等しくないものでもない。
11. 《一》は、自己と比べても他者と比べても、年長でも年少でも同年でもない。

12. 《一》は時間のうちにない。

13. 《一》は「存在する」とも「《一》である」とも言えず、《一》には名もロゴスもエピステーメーも感覚もドクサもない。（以上、139b-142a）

以上の議論においてはさまざまな論法を用いて証明が行なわれているが、例えば「《一》は他者と異なるものではない」ということの証明は、《一》（の本質）には「異なる」ということは帰属しないということを論拠にしている（139c）。つまり、《一》が何かと異なるものであるためには、《一》（の本質）に「異なる」という属性が帰属していなければならないというふうに考えられているのである。だが、「異なる」は属性ではなく関係であるから、8の（したがってまた、9-11の）の証明の妥当性は疑わしい。おそらく、「関係」ということばも概念も持たなかったプラトンは、関係を属性から区別することができなかったのであろう。

（2）第II議論

第II議論においては、同じく「もし《一》があるならば」という仮定の下に、以下のような帰結が導出される。なお、第II議論で導出されるさまざまな帰結はほぼ第I議論に対応しているが、対応しないものもある。

最初に、「《一》がある」という前提から、《一》は《存在》を分有していると論じられ、さらに、《一》とその存在は同一のものではないと論じられる。（142b-c）

これに対応する議論は（当然のことながら）第I議論にはない。

1. 《一》は無数の部分からなる。
2. 《一》は多なるものである。
3. 《一》は有限である。
4. 《一》は初めと終りと真ん中を持つ。
5. 《一》は形を持つ。
6. 《一》は自己の内にあり、かつ他者の内にある。
7. 《一》は静止しておりかつ運動している。

（以上、142c-146a）

これらのことを証明する議論の大部分は妥当なものではないように思われるが、特筆すべき問題点は、イデアを分有しているものにはそのイデア（あるいは、その部分）が内在しているという考え方と、《一》が空間的なものであるかのように語られている点である。

8. 《一》は自己と同一のものかつ異なるものであり、また他者と異なるものかつ同一のものである。

9. 《一》は他者と似ているものかつ似ていないものであり、また自己と似ているものかつ似ていないものである。

10. 《一》は他者および自己と等しいものでありかつ等しいものでない。

11. 《一》は自己より年長かつ年少になり、年長かつ年少であり、年長かつ年少であることも年長かつ年少になることもなく、また他者より年長かつ年少であり、年長でも年少でもあらず、他者と比べてより年長にもより年少にもならず、より年少かつより年長になる。

12. 《一》は時間のうちに存在する。
13. 《一》は認識されうる。

（以上、146a-155e）

これらのことを証明する議論も、ここで一々論《あげつら》うことはできないが、大部分は妥当な議論ではないように思われる。

第Ⅲ議論と第Ⅳ議論は、主題が〈《一》の〉〈他者〉であるという点を除けば、それぞれ第Ⅱ議論と第Ⅰ議論と異ならない。したがって、第Ⅲ議論と第Ⅳ議論においては、〈他者〉について、それぞれ第Ⅱ議論と第Ⅰ議論と同様の帰結が同様の論法で導出されることになる。それゆえ、パルメニデスはほとんどの議論を省略している。また、第Ⅴ、第Ⅵ、第Ⅶ、第Ⅷ議論は、仮説が「もし《一》がないならば」であるという点を除けば、それぞれ第Ⅱ、第Ⅰ、第Ⅲ、第Ⅳ議論と異ならない。それゆえ、これらにおいても、パルメニデスはほとんどの議論を省略している。したがって、ここでも、これらをわざわざ取り上げるまでもないだろう。

（3）第二部の議論の意義について

第Ⅰ議論と第Ⅱ議論を比較すれば、第Ⅰ議論でさまざまな否定的帰結が導出され、第Ⅱ議論でそれに対応する肯定的帰結が導出されていることが見て取れるだろう。第Ⅲ議論と第Ⅳ議論の対、第Ⅴ議論と第Ⅵ議論の対、第Ⅶ議論と第Ⅷ議論の対についても、肯定的帰結の方が先に導出されるという点を除けば、同様である。しかしながら、それは表面的な特徴にすぎず、それぞれの内容を仔細に検討してみると、否定的な議論群（Ⅰ、Ⅳ、Ⅵ、Ⅷ）においてはイデア相互の分有は一切認められておらず、肯定的な議論群（Ⅱ、Ⅲ、Ⅴ、Ⅶ）においてはそれが認められていることがわかる。このことに気がつけば、さらに、否定的な議論群においては一のイデアもしくはその他者の本質について論じられており、肯定的な議論群においてはそれらの属性について論じられているということを洞察するのも困難なことではない。そうだとすれば、肯定的な議論群と否定的な議論群では考察の観点が異なるのであるから、肯定的な帰結と否定的な帰結の間に矛盾はないことになる。

しかしながら、これで問題に決着がつくわけではない。というのも、それぞれの議論の内部に、互いに矛盾すると思われるような結論、あるいは、真としては受け入れ難いような結論、がある場合があるからである。そのような結論を導き出す議論は誤った議論だと解釈すべきであろう。このような観点に立つと、誤った議論が少なからずあることが見えてくるし、さらには、誤った議論であることをプラトン自身が示唆しているのではないかと思われるような議論があることにも気づかされる。

議論における誤謬にもいろいろな種類があるが、比較的発見しやすい誤謬の一つは、多義性を利用した（あるいは、多義を混同した）誤謬である。だが、重大な誤謬は、誤った暗黙の前提に起因する誤謬である。なぜなら、それらは容易に発見することができないばかりでなく、イデア論の根本に関わるものであり、それらに気づかない限り、あるいは、たとえ気づいても、そのような前提そのものに疑問を懐かない限り、イデアは矛盾に満ちた不可解なものであるという理解（と言うよりはむしろ、誤解）だけが残ることになるからである。私は、第Ⅱ部の議論には次のような誤った暗黙の前提があると考える。

①存在するものは、空間の内に存在し、拡がり（大きさ）を持つ。
②同一（同）・他（異）、類似・非類似、等・不等などは属性である。

③イデアを分有しているものにはイデアが内在する。

このうちの③に関しては、イデアを分有しているもの自身が（個物ではなく）イデアであるとしても、第一部の第二の批判［本章第一節（2）参照］が有効であるので、プラトン自身も誤った前提であることはわかっていたのではないかと思われる。また、①に関しても、プラトン自身も誤った前提と自覚していたということは十分考えられる。だが、②に関しては、既に述べたように、プラトンは、関係と属性を区別できなかったために、誤った前提とは思っていなかったのではないかと思われる。だが、仮にそうだとしても、第二部の議論には哲学的な意義がある。それは次のような意味である。

第二部の議論には誤った議論があるとすれば、我々読者としては、まずは自ら誤謬を発見し、修正することに努めなければならない。そうすることは、一方で、我々自身にとって哲学的な「訓練」になり、他方では、イデアについての我々の理解を深めることになるだろう。また、すべての誤謬を正した結果、「一のイデアが存在する」という仮説に基づく議論群か「一のイデアは存在しない」という仮説に基づく議論群かのいずれか一方にのみ矛盾があり他方には矛盾がない、ということが判明するかも知れない。その場合には、矛盾のない方の仮説を選ぶべきであろう。あるいは、どちらの議論群にも矛盾は見出されないかも知れない。その場合には、どちらの仮説を選ぶこともできるが、それは、前章で述べた「世界観の選択」という意味を持つだろう［一二二-一二三頁参照］。

以上のように考えるならば、「一のイデアが存在する」という仮説に基づく議論群から誤謬を除去するという試みは、「存在仮説」の「整合性の検討」という意味を持つと言えるだろう。ただし、すべての誤謬を除去した結果、矛盾が生じないことが判明したとしても、「存在仮説」の「整合性」が証明されたということには必ずしもならない。というのも、「矛盾がある」ということを示すためには少なくとも一つの矛盾を発見すればよいのであるが、「矛盾がない」ということを示すためには、矛盾が一つも生じえないということを示さなければならないからである。そのためには体系的に検討することが必要であるが、第二部の議論は体系的な構成を意図したと思われる構造を持っているので、プラトン自身はそれを「矛盾がない」かどうかを検討するための議論として提示した、と見做すことができるように思われる。そうだとすれば、プラトンは第二部の議論によって「存在仮説」の「整合性の検討」を意図していた、と見做しうるだろう。あるいはむしろ——プラトンが、先に述べたように、故意に誤謬を織り込んでいるとすれば——第二部の議論は、「存在仮説」の「整合性の検討」のための議論そのものではなく、その手本と言った方がよいかも知れない。いずれにせよ、第二部の議論によって「存在仮説」の「整合性」が証明されたわけではないのだから、第二部の議論は、「存在仮説」には問題がありうるということを示唆し、読者に自ら「整合性の検討」を行なうことを促す、という意味を持つと言えるだろう。ただし、たとえそうだとしても、プラトン自身は「存在仮説」の「整合性」を証明することができたとは限らない。彼自身が関係と属性を明確に区別することができなかったかも知れないということ、さらには、『パルメニデス』に続いて書かれた『テアイテートス』において、中期には「イデアの知」と規定されていた「エピステーメー」という概念が根本的に再検討されていることを考えると、プラトンは「存在仮説」の「整合性」の証明にも成功しなかったということは十分ありうることである。だが、我々にとって重要なことは、この問題に対する答を見出すことではなく、『テアイテートス』およびそれ以降のイデア論の帰趨を見定めることである。それゆえ、本章の論述は以上をもって終え、次に『テアイテートス』について論じることにしよう。

註

1 ゼノンの主張がどのような意味であり、それに対するソクラテスの反論はどのような意味を持つのかということは極めて重要なことであるが、いまはこの問題に立ち入る必要はない。

2 アカデーメイアにおいて、「人間の他に人間のイデアが存在すると考えると、第三の人間（第二の、人間のイデア）が存在することになる」という趣旨の議論が（プラトンの存命中に）盛んに行なわれ、その議論は「第三の人間」という名で呼ばれていた。それに因んで、『パルメニデス』における第三の批判も――人間を例として用いてはいないが、議論の趣旨は同じなので――現代のプラトン研究者たちの間では「第三人間論」と呼び慣わされている。

3 G. Vlastos, 'The Third Man Argument in the *Parmenides*', *Philosophical Review* 63, 1954.

4 ギリシャ哲学の分析哲学的研究者チャーニスもおそらくこのように理解したのであろうが、彼は「Fのイデアは Fである」という命題を同一性命題と理解している（cf. H. Cherniss, 'The Relation of the *Timaeus* to Plato's Later Dialogues', *American Journal of Philology* 78, 1957）。だが、これを「同一性命題」と呼ぶのは正しくない。というのも、主語の「Fのイデア」はFのイデアを指示する名であるが、述語の「F」は何かを指示する名ではないからである。

5 *nooumenon*：「思惟する」という意味の動詞 *noein* の受動分詞。

6 そうだとすれば、観念をイデアと見做す考え方は成り立ちうるということになる。ちなみに、中期のプラトンは、先にも述べたように、しばしば観念をイデアと見做していたようである［二一〇-二一一頁参照］。

7 *en tēi physei*：（我々の言う）「自然界のうちに」という意味ではない。『パイドーン』においても、イデアが存在する場所を規定するのにこの表現が用いられていたが（103b）、『パイドーン』においては、「自然のうちに存在している」イデアとは超越的なイデアのことであった［第四章註5参照］。ここでも同様に理解してよいだろう。

8 「観念」とはイメージのようなものであり、「概念」とは語の意味である、というふうに理解していただきたい。そうすると、例えば赤の観念は赤いが、赤の概念は赤くない。この違いを「具象的」と「抽象的」ということばによって区別することにする。

9 例えば、『ソフィステース』における「イデアのコイノーニアー」に関する議論においては、「運動のイデアは運動している（運動である）」という暗黙の前提があるように思われる。第十章参照。

10 これは一のイデアを指すが、第一に、原文では単に「一」（*hen*）と書かれており、第二に、いちいち「一のイデア」と書くのは煩雑であるので、このように《 》を付して表記することにする。

第七章

「エピステーメー」概念の再検討Ⅰ　『テアイテートス』

プラトンは『パルメニデス』に続いて『テアイテートス』を書いたが、この作品では「エピステーメー」概念が根本的に再検討されている。

『テアイテートス』においては、「エピステーメーとは何であるか」という問題がソクラテスによって提起される。これに対して、対話相手のテアイテートスは、まず「感覚」という答を提示するが、ソクラテスによって論駁される（151d-186e――この部分を「第一部」と呼ぶことにする）。次にテアイテートスは「真なるドクサ」という答を提示するが、この答もソクラテスに論駁される（187a-201c――この部分を「第二部」と呼ぶことにする）。最後にテアイテートスは「ロゴスを伴った真なるドクサ」という答を提示し、やはりソクラテスによって論駁される（201c-210d――この部分を「第三部」と呼ぶことにする）。

だが、エピステーメーと言えば、中期対話篇においては、「イデアの知」と規定され、感覚的対象についての認識である感覚やドクサと対比されていた。しかるに、『テアイテートス』では、まさに感覚やドクサがエピステーメーの候補として検討されているのである。このことは、プラトンがエピステーメーというものを根本的に考え直す必要を感じていたということを示しているように思われる。だが、なぜ彼はそのような必要を感じたのであろうか。

　前章で論じたように、『パルメニデス』の議論は『パイドーン』で提示された仮説的イデア論の二つの仮説――すなわち、「分有仮説」と「存在仮説」――の「整合性の検討」という意味を持つと思われる。そうだとすれば、前章で論じたように、「分有仮説」も「存在仮説」もその「整合性」が証明されなかったと言ってよいだろう。つまり、イデア論の「土台」とも言うべき、イデアに関する仮説の妥当性が疑わしくなったわけである。そこで、『パルメニデス』の直後に書かれた『テアイテートス』において、イデア論のもう一つの基本概念であるエピステーメーが改めて根本的に考察し直されるのは、自然な成り行きと言えるだろう。ちなみに、『テアイテートス』以後は、エピステーメーを、その対象の種類によって（つまり、「イデアの知」というふうに）規定することよりは、むしろ、エピステーメーを獲得する方法を具体的に考察することが探究の主題となる。[*1]
　本章では第一部を取り上げ、第二部、第三部は次章に譲ることにするが、第一部に先立つ序論部にも、本論を理解するための鍵となるような論述が見出されるので、まずはそれについて簡単に論じておこう。

一　エピステーメー＝知恵

『テアイテートス』序論部において、ソクラテスは、「エピステーメーとは何であるか」という問題を提起するのに先立って、まず、①エピステーメーの例として「幾何学」「天文学」「音階学」「算術（数学）」[*2]の名を挙げ、さらに、②エピステーメーと知恵は同じものであると[*3]論じている（145c-e）。①は、ソクラテスが問題にしようとしているエピステーメーが、個別的な命題的知識ではなく、そのような知識の体系としての、理論的、学問的な（特に、数学的な）知識であるということを示唆しているように思われる。それでは、②はどのような意味を持つのであろうか。「知恵」と言えば、『弁明』におけるソクラテスの「知恵」概念が思い起される。彼の言う「知恵」とは、「善美についての知」、すなわち道徳的価値についての知であった〔第一章第三節二一－二三頁参照]。以上のことから判断するに、『テアイテートス』においてソクラテスが——と言うよりはむしろ、プラトンが——問題にするエピステーメーとは、道徳的価値についての体系的（あるいは理論的、学問的）な知であると思われる。「知恵」に関しては、ソクラテスの「知恵」概念（あるいは、プラトンの「エピステーメー」概念）を理解する上で興味深い論述が、同じく序論部にある。いわゆる「ソクラテスの産婆術」である。その概略を以下に紹介しておこう（149b-151d）。

第一に、産婆になるのは既に妊娠能力を失った女であるが、ソクラテスも、自ら知恵を産むことはできず、人が知恵を産むのを補助するのみである。つまり、ソクラテスは、知恵を伝授するわけではなく、彼独特の議論を通して、相手が知恵を産むのを補助する、ということである。第二に、産婆は妊娠しているか否かを見分けることができる。それと同様に、ソクラテスは、相手に知恵を産む準備が調っているかどうかを——例えば「エピステーメーとは何であるか」という問に答えることができるかどうかを——見分けることができる、ということである。第三に、産婆は、薬や呪いによって、陣痛を促進したり抑制したりして出産を容易にしたり、必要とあれば流産させたりすることもできる。それと同様に、ソクラテスは、相手が結論を出すのを早めたり遅らせたり、あるいは断念させたりすることができる、ということである。第四に、産婆は、どのような女をどのような男に妻《めあわ》せれば優秀な子供ができるかをよく知っている仲人である。それと同様に、ソクラテスは、知恵を身籠もる以前の状態にある者を適当な教師につける、ということである。第五に、ソクラテスの産婆術には――本物の産婆とは違って――産まれた子が本物か紛い物かを判定する仕事があり、これが実は最も重要な仕事である。つまり、ソクラテスは、相手が出した結論の真偽を確かめる、ということである。

この譬え話の最も重要なポイントは、「知恵は、人から教わるものではなく、自分で生み出すものである」という点にある。そして、第二に重要なポイントは、「ソクラテスの議論は、第一に、相手が知恵を産む手助けをし、第二に、相手が産んだ知恵が本物の知恵であるか紛い物の知恵であるかを吟味するという役割を果たす」という点にある。また、エピステーメーは知恵と同一視されたのであるから、エピステーメーについてもこれら二つのポイントが妥当することになるだろう。
さて、序論部についてはこれくらいにして、本論に取り掛かることにしよう。

二　エピステーメー＝感覚

ソクラテスが最初に吟味するのは「エピステーメーとは感覚である」という定義である（これを以下では「感覚説」と呼ぶことにする）。この定義は次の二つのことを主張している。

（a）感覚はエピステーメーである。
（b）感覚以外にエピステーメーはない。

だが、第一に、中期のプラトンはイデアを対象とするエピステーメーと、感覚的事物を対象とする感覚・ドクサを区別し対比したということを考えると、そのプラトンが、（b）は言うに及ばず、そもそも（a）を問題にすること自体、極めて奇妙なことに感じられる。第二に、プラトンが『テアイテートス』で問題にしようとしているのは「知恵」と同一視されるようなエピステーメーであるということから考えても、「感覚説」を吟味すること自体が奇妙なことに感じられる。

第一の問題点に関しては、『パルメニデス』との関係という観点から、以下のように理解することができるだろう。プラトンは、本章の最初で述べたように、『パルメニデス』においてイデアについての「存在仮説」と「分有仮説」の「整合性」を証明することができなかったので、『テアイテートス』において、イデア論のもう一つの基本概念であるエピステーメーを改めて根本的に検討することにしたと思われる。そうだとすれば、中期イデア論では「エピステーメーの対象」と規定されていたイデアの存在はもはや安直に前提することができないから、エピステーメーの対象は何であるかということを改めて考察し直す必要があっただろう。そのような状況でエピステーメーの候補として感覚までも検討の対象としているということは、彼の再考察がいかに根本的なものであったかを示している、と理解することができる。

それにしても、しかし、(b)を吟味する必要があるかどうかは疑問である。確かに、イデアの存在を認めないとすれば、認識の対象としては感覚的事物しか存在しないことになる。しかしながら、感覚的事物についての認識は、感覚だけではなく、他にも、感覚に基づくさまざまな認識（プラトンの術語では、ドクサ）がありうる。例えばソクラテスが最初にエピステーメーの例として挙げた幾何学、天文学、音階学、算術（数学）は明らかにその種の認識である。したがって、『パルメニデス』との関係を考慮に入れても、（b）を問題にしようとしている点は理解し難い。実際、第一部の議論は、そのほとんどが（a）をめぐる議論である。

だが、先に挙げた第二の問題点を考慮すると、つまり、プラトンが問題にしようとしているのは「知恵」すなわち道徳・倫理に関する知であるということを考えると、（b）を問題にしていることも以下のように解釈することができる。もし、人間にとって「エピステーメー」と呼べるものが感覚しかないとすれば、我々人間は動物と異ならないことになるだろう。そうすると、道徳・倫理の問題もそのような前提に立って考えなければならなくなり、そこからは快楽主義が帰結するであろう。そこで、プラトンは、（b）を批判することによって、このような帰結を排除することを目論《もくろ》んでいるのである、というふうに解釈することができる。この点については、第四節（**1**）の「人間尺度説批判I」の条りで改めて論じることにしよう。

三　「人間尺度説」と「万物流転説」の導入

ソクラテスは、第一に、テアイテートスの「感覚説」はプロタゴラスの次のような説と異ならない、と主張する（152a）。[*4]

人間は万物の尺度（*metron*）である。あるもの[*5]についてはあることの、あらぬものについてはあらぬことの［尺度である］。

この説を「人間尺度説」と呼ぶことにしよう。この説を、ソクラテスは以下のように解釈する（152a-c）。

私にFと感覚されるものは私にとってFであり、君にGと感覚されるものは君にとってGである。例えば、同じ風を冷たいと感じる人とそうでない人とがいる場合には、風それ自体は冷たくも冷たくなくもないが、冷たいと感じる人にとっては冷たく、そうでない人にとっては冷たくない、ということになる。したがって、感覚はいつでも、①〈あるもの〉に関わり、②偽であることがないので、感覚はエピステーメーだということになる。[*6]

第二に、ソクラテスは、そもそも「感覚説」が成り立つためには、対象はそれ自体としては何ものでもない（いかなる属性も持たない）という前提が必要である、と主張する。なぜなら、もし風それ自体が冷たいかあるいは冷たくないとすれば、一方の人の感覚は偽であることになり、感覚は「偽であることがない」というエピステーメーの条件が満たされないからである。そして、このような前提が成り立つためにはヘラクレイトスの「万物は流れている」という説（以下では「万物流転説」と呼ぶことにする）を前提しなければならない、とソクラテスは主張する。だが、万物流転説によって、いかにして「感覚説」が正当化されるのであろうか。それを説明するために、ソクラテスは万物流転説に基づく感覚理論を展開する。それは以下のような理論である[*7]（155d-157d）。

例えば私が白い紙を見る場合について考えてみよう。私が紙を見る以前は、私は白を見ていない。だが、それだけでなく、紙も、私が見る以前は白くない。私が紙を見ることによって、私の側には白の感覚が生じ、それと同時に紙の側には白が生じるのである。したがって、紙それ自体は白くも白くなくもない。他の感覚についても同様で、感覚する者と感覚されるものが出会うことによって、感覚する者の側に感覚が生じ、感覚されるものの側に感覚的性質が生じるのであり、感覚されるものそれ自体はいかなる感覚的性質も持たない。言い換えれば、感覚的性質は感覚される時に生成するのである。*8

以上の議論によって、ソクラテスは、テアイテートスの「感覚説」は、第一に、プロタゴラスの人間尺度説と同じ考え方であり、第二に、ヘラクレイトスの万物流転説を前提している、ということを示したわけである。この後、ソクラテスは、まず人間尺度説を批判し、次に万物流転説を批判する。もっとも、これら両説の批判は、単に感覚説を批判することを目的とするものではなく、それ以上の意味を、つまりプロタゴラスとヘラクレイトスを批判するという意味を持っていると思われる（その証拠に、これらの批判を終えた後に、「感覚説」はこれらの批判とはまったく独立の議論によって批判される）。したがって、人間尺度説と万物流転説の批判は、プラトンとプロタゴラスおよびヘラクレイトスの対決という意味を持ち、プラトン哲学を理解するためにも重要である。それゆえ、以下で人間尺度説批判と万物流転説批判を取り上げよう。

四　「人間尺度説」批判

ソクラテスはプロタゴラスの人間尺度説を三通りの仕方で批判する。それぞれの批判の内容と意義を、順次、考察することにしよう。

(1)人間尺度説批判Ⅰ

人間尺度説に対する第一の批判においては、ソクラテスは、プロタゴラスは「万物の尺度は豚あるいは狒狒《ひひ》である」と言ってもよかったと言い(161c)、それに続けて次のように言う(161d-e)。

各人が感覚を通して認識することはすべて真であるとするならば、何人も他人の認識の真偽を判定する資格を持たないことになり、したがって、知恵ある者とそうでない者という区別がなくなる。

だが、この批判は、我々には感覚認識以外の認識もあるということを忘れているのではないか。否。そうではなく、「感覚以外の認識は存在しない」という前提に立っているのである。それゆえ、ソクラテスは人間と動物の区別さえ取り払うのである。というのも、人間に感覚以外の認識を認めないとすれば、人間と動物を区別することはできなくなるであろうから。だが、この前提はあまりに奇妙な前提ではないか。確かにそうである。しかし、テアイテートスの「感覚説」は、先にも述べたように、「感覚以外にはエピステーメーはない」という主張を含んでいるのである。それゆえ、先の批判は、この主張を批判するという意味を持つのである。したがって、これは、プロタゴラスに向けられた批判というよりは、テアイテートスに向けられた批判と言うべきであろう。

(2)人間尺度説批判II

第二の批判においては、ソクラテスは、まず、プロタゴラス以外の人は自分が「万物の尺度」であるなどとは思っていないので、人間尺度説は偽だと思っていることになると論じ、それに基づいて人間尺度説を次のような議論によって批判する（169d-171c）。

（1）プロタゴラスは、すべての人の思いが真であることに同意するのであるから、人間尺度説を偽であると思っている人々の思いを真と認めなければならない。そうすると、プロタゴラスは人間尺度説が偽であることを認めることになる。

（2）したがって、プロタゴラス自身も含めたすべての人が、人間尺度説は偽であると認めることになる。

（3）したがって、人間尺度説は、何人にとっても真ではないということになる。

この批判は、歴史上のプロタゴラスに対して有効な批判となるかどうかは疑わしい。というのも、先の議論は、人間尺度説を「あらゆる人の、あらゆる判断は真である」という意味に解しているが、①プロタゴラスは「あらゆる人間が万物の尺度である」とは言っていないし、②「万物の尺度」という言い方は、必ずしも「あらゆる判断が真である」ということを意味するとは限らないからである。そうだとすれば、先の批判によってプロタゴラスの人間尺度説が批判されたことにはならない。

（3）人間尺度説批判III

第三の批判においては、ソクラテスは、政治的・社会的なことがらに関して人間尺度説が成り立つか否かを論ずる。ソクラテスは、まず、一般の人々の見解を次のように述べる（172a-b）。

美・醜[*9]、正・不正、敬虔・不敬などに関しては、各個人もしくは各国家が基準を決めることができるので、個人相互の間にも国家相互の間にも、知恵の優劣はない。しかし、有益さに関しては、国家が有益と定めたことが実際に有益であるとは限らないので、国家相互の間に真理という点で優劣の差がある。

要するに、一般の人々は、（行為あるいは人格の）美・醜、正・不正、敬虔・不敬に関しては、人間尺度説（あるいはむしろ「国家尺度説」と言うべきか）を受け入れて、国家の決めた基準を正しいと見做すが、有益さに関しては国家の決めた基準が正しいなどとは認めない、ということである。これは、言い換えれば、一般の人々は、美・醜・正・不正、敬虔・不敬に関しては、それぞれの国家に「相対的」に決まっているという、言わば「国家相対主義」を受け入れるが、有益さに関しては「絶対的」な基準があると考えている、ということである。しかし、これは飽くまで一般の人々の見解であり、プラトン自身は、美・醜、正・不正、敬虔・不敬に関しても、国家が決める基準とは別に、言わば「神が決めた」、「絶対的」な基準があると考えているのであろう。というのも、美や正義や敬虔のイデアが存在するという考え方は、これらに関して「絶対的」な基準を設定するという意味を持つからである。しかしながら、この条りでは、ソクラテスはこれらに関して人間尺度説を批判することはしない。それは、たぶん、そのような批判はイデア論を正当化するという意味を持つものであり、あまりにも大きな問題だからであろう。そこで、ソクラテスは、有益さに関して人間尺度説を次のように批判するに留めている（177e-179b）。

国家は、立法に際して真に有益なものを目標とし、すべての法律を国家にとって最も有益なものと判断して制定するのであるが、いつでもその目標が達成されるとは限らない。そのことは、未来に関わる判断という観点から考察すれば、いっそう明白になる。というのも、有益さは未来に関わるものであり、法律を制定する時には、それが未来に益をもたらすだろうという考えのもとに制定するものだからである。しかるに、未来に関わる判断については人間尺度説が成り立たないことは明らかである。したがって、立法と有益さは未来に関わるものであるから、国家が法律の制定に際して最も有益なことについての判断を誤ることがありうるということは、誰しも認めるであろう。

以上の議論によって、未来に関わる判断に関しては、したがってまた、有益さに関わる判断に関しても、人間尺度説は成り立たない、ということが示された。しかしながら、これによって有益さの「絶対的」な基準として善のイデアが存在するということが証明されたとは言えないだろう。というのも、我々は先の議論を妥当なものと認めるが、だからと言って、善のイデアを認める必要があるとは感じないからである。先の議論で示されたことは、国家が法律の制定に際しては予測しなかったような悪しきことが生じうる、ということにすぎない。それが「悪しき」ことであるのは、予測した善いこと（あるいは、国家が「善い」と判断すること）と反対のことだからであり、結局は国家の善悪の基準に依存して決まることであって、「絶対的」な基準（善のイデア）によって決まることではない。したがって、有益さに関する判断を誤らないために必要なものは、国家において将来起こりうることを正しく予測することができるような政治学的あるいは社会学的な専門的知識であって、善のイデアについてのエピステーメーではないのである。

先の議論によって、確かに、有益さに関しては人間尺度説が批判された。しかし、それだけでは人間尺度説批判として十分ではない。というより、プロタゴラスは先の批判には何の痛痒も感じないだろう。というのも、先の議論では、未来の結果が生じた時点でそれが善いか悪いかを判断するための基準に関しては、何も規定していないからである。まさにそのような基準、要するに現在の善悪についての判断の基準に関してこそ、プロタゴラスの人間尺度説（すなわち、相対主義）が成り立つか、それとも「絶対的」な基準を設定するプラトンのイデア論が正しいかが問題なのである。だが、この点に関しては、ソクラテスは何も論じていない。「相対主義」の批判は容易ではない。あるいは、そもそも可能でもないのかも知れない。そうだとすれば、「相対主義」

を採るかイデア論を採るかは、プラトンが考えているように、「世界観」の選択の問題だと言うべきなのかも知れない〔第四章第一節（**4**）および第五章第五節参照〕。

五　「万物流転説」批判

ヘラクレイトスの万物流転説に対しては、ソクラテスは次のように論じて批判する（182d-183b）。

あらゆるものが絶えず変化しているとすれば、ある対象について「しかじかである」と言った途端に、その対象は「しかじかでない」ものに変化することになる。例えば、ある対象について「白い」と言った途端に、その対象は白くないものに変化することになる。したがって、我々は対象について何一つ語ることができなくなる。また、そもそもことばは変化しないものであるから、ことばの使用を認めると、万物流転説と矛盾を来たすことになる。

要するに、万物流転説は言語の使用を不可能にするということである。そうだとすれば、万物流転説に基づいた感覚理論を語ることも無意味となり、そのような感覚理論に支えられたテアイテートスの「感覚説」も成り立たなくなる。したがって、最初の目論見に反して、万物流転説によって「感覚説」を正当化することはできないということになるのである。

だが、絶えず変化しているものについては何一つ語ることができないという主張は、正しいとは思えない。例えば、あるものの色が赤から橙色を経て黄色へと、留まることなく連続的に変化していく場合を考えてみよう。その場合、最初のしばらくの間はその色は「赤」と言われ、途中のしばらくの間は「橙色」と言われ、最後のしばらくの間は「黄色」と言われるだろう。ことばとは、このように、その適用対象にある程度の幅を許容するものなのである。したがって、絶えず変化しているものについても語ることはできるはずである。

さらに、先の議論では「ことばは変化しない」と言われているが、この主張にも問題がある。口から出たことばはまさに「流れる」ものと言えるだろう。それでは、「変化しないことば」とは何を指すのか。プラトンは、おそらく、ことばの意味が変化しないと言いたいのであろう。そうだとすれば、ことばの意味が変化しないということは万物流転説と矛盾しない。なぜなら、万物流転説はことばを適用すべき対象が絶えず変化していると主張するものであり、ことばの適用対象が変化することは——先に述べたように——意味の変化しないことばの適用を不可能にするわけではないからである。プラトンは、たぶん、ことばの意味と適用対象を明確に区別できずに[*10]、ことばの「意味が変化しない」ということと「適用対象が変化しない」ということを混同しているのであろう。

六　「感覚説」批判

ソクラテスは、人間尺度説と万物流転説を批判した後、テアイテートスの「感覚説」そのものを以下のように批判する（184b-186e）。

感覚認識においては、我々は、魂によって、感覚器官を通して、対象を認識する。そして、それぞれの感覚器官には固有の対象がある。例えば、目に固有の対象は色であり、耳に固有の対象は音である。また、ある感覚器官を通して感覚されるものを別の感覚器官を通して感覚することは不可能である。例えば、色を聞くことも、音を見ることもできない。したがって、例えば色と音の両方について何かを思惟する場合には、どちらか一方の感覚器官を通して思惟するわけでもなければ、感覚するわけでもない。

色と音について、我々は、例えば両者が「ある」と思惟する。また、一方は他方と「異なる」が、それぞれは自己自身と「同じ」であると思惟する。あるいは、両者は「二つ」であるが、それぞれは「一つ」であるとか、互いに「似ている」とか「似ていない」と思惟することもできる。したがって、これらのもの——すなわち、存在（*ousia*）[*11]、同、異、二、一、類似、非類似など——を、あるいはまた、美、醜、善、悪などを、固有の対象とする感覚器官は存在せず、このようなものに関しては、我々は、感覚器官を通すことなく、魂そのものによって認識するのである。そして、まさにこのようなものについての知こそが「エピステーメー」と呼ばれるべきものなのである。それゆえ、感覚はエピステーメーではない。

傍点を付した文自体はテキストにはなく、その代わりに次のような証明が行なわれている（186c-e）。

①あるものについて真実を把握することができなければ、そのものについてエピステーメーを持つことはできない。
②ウーシアー（*ousia*）を把握することができなければ、真実を把握することもできない。
③感覚はウーシアーを把握しえない。
④それゆえ、感覚はエピステーメーではない。

この証明における「ウーシアー」という語は、先の引用文中の「存在」を意味するギリシャ語と同じ語である。したがって、③は先に引用した議論によって証明されたものと見做すことができる。しかしながら、「ウーシアー」という語を「存在」あるいは「あること」という意味に解すると、この証明は的外れなものになる。[*12] 他方、「ウーシアー」という語には「本質」という意味もあり、プラトンはイデアを指すのにこの語を用いることもある。それゆえ、この証明における「ウーシアー」は「本質」もしくは「イデア」を意味すると解するのが妥当だと思われる（そうすると、この証明から先の引用文中の傍点を付した文で述べられていることが導き出されると言うことができるだろう）。もっとも、このように解釈すると、先に引用した二つの議論の過程で「ウーシアー」の意味がいつのまにかすり替えられたことになるのではないか、という疑問が残るのであるが[*13]。

以上で、『テアイテートス』第一部について、プラトンのイデア論と「エピステーメー」概念を理解する鍵となるいくつかの議論を取り上げた。第二部と第三部については次章で論じることにしよう。

註

1 もっとも、『国家』の「線分の譬喩」においてもエピステーメーを獲得する方法が説明されているが、その説明は、具体性に欠けるために、我々自身が実際に探究を行なうためには役に立たず、プラトン自身もその方法を具体的に考えていたわけではないと思われる。

2 ちなみに、これらは『国家』第七巻において哲学者教育の予備学とされている諸学問である〔第五章第五節参照〕。ただし、『国家』では、これらの学問はエピステーメーに劣るものとされている（533d）。

3 ギリシャ語の*epistēmē*（エピステーメー）と*sophia*（知恵）は同義語というわけではない。この議論は、むしろ、プラトンの「エピステーメー」概念はソクラテスの「知恵」概念と同じものであると言わんとしていると理解すべきであろう。

4 ただし、以下で述べられることは飽くまでプラトンの解釈であり、プロタゴラスの人間尺度説が感覚に関するものであるかどうかは、さらには、彼が感覚も考慮に入れていたかどうかさえ、疑問である（ちなみに、プロタゴラスの人間尺度説に関してはプラトンが我々にとって最古の典拠であり、それの解釈に関しても、プラトンが以下に展開する解釈ほど詳細なものは他にない）。おそらく、後述する人間尺度説批判Ⅲで批判される人間尺度説が、プロタゴラスの意図したものなのではないかと思われる。

5 *ta onta*：ギリシャ語のbe動詞の分詞の中性複数形に定冠詞のついたもので、そのまま英語に置き換えれば'the beings'であるが、英語に訳すとすれば'what are'である。この意味での「あるもの」は、以下では〈あるもの〉と表記することにする。

6 以上に述べられた論拠からは、感覚以外にエピステーメーはないとは言えない。したがって、ソクラテスは、差し当たっては、（a）「感覚はエピステーメーである」という点のみを問題にしようとしているのであろう。

7 ただし、以下の説明は、テキストの翻訳でも要約でもなく、テキストに書かれていることをもとにして、私のことばで説明し直したものである。なお、「白」はテキストでも例として用いられているが、「紙」は私が補ったものである。

8 この理論を奇妙な理論と思う人がいるかも知れないが、例えば英国経験論の哲学者ジョン・ロック（一六三二―一七〇四）の「第二性質」（secondary quality）という考え方も同様なものである。それでも納得が行かない人は、白い紙の表面を原子レベルにまで拡大すると何色に見えるかを想像してみれば、紙自体は白くないということが納得できるのではないだろうか。

9 *kalon, aischron*：単に感覚的な「美」と「醜」を意味するだけではなく、「賞賛すべきこと」と「恥ずべきこと」という倫理的・道徳的な意味もある。ここでは、「政治的・社会的なことがら」の例として挙げられているから、後者の意味に解すべきだろう。

10 ことばの意味（sense, Sinn［独］）と適用対象（reference, Bedeutung［独］）を区別することは、現代の言語哲学においては常識的なこととなっているが、両者を最初に明確に区別したのはフレーゲ（一八四八－一九二五）であるということを考えれば、プラトンが両者を区別できなかったとしても不思議ではないだろう。

11 「ある」（*einai*）の抽象名詞。

12 「ウーシアー」を「存在」あるいは「あること」という意味に解すると、感覚に「ある」という判断が付け加わるとエピステーメーとなる、ということになる。例えば、白を感覚している（白が見えている）だけではエピステーメーとは言えないが、「ここに白がある」とか「これは白である」というふうに判断（認識）すると、これはエピステーメーである、ということになる。確かに、感覚自体は主観的なものであるのに対して、このような判断（認識）は客観的対象に関わるものであり、我々はそれを「知識」と呼ぶかも知れない。しかし、プラトンは感覚認識をエピステーメーとは認めない。ちなみに、第二部では、第一部の結論を承けて、エピステーメーの候補は「魂がそれ自身で（つまり、感覚器官を通すことなく）認識する場合の認識（ドクサ）」に絞られ、感覚認識は一切排除される。

13

これはテキストの解釈に関わる大変難しい問題なので、ここでは立ち入らないが、私は、実際に意味のすり替えが起こっていると考える。ただし、それが意図的なものであるかどうかは、私には判断できない。

◉第八章

「エピステーメー」概念の再検討II

『テアイテートス』

一　エピステーメー＝真なるドクサ（第二部）

『テアイテートス』第一部の議論によって、エピステーメーの対象は感覚の対象とは別のものであるということが示された。そこで、第二部では、「感覚を交えない」という意味で「純粋な」認識にエピステーメーの候補が求められる。そのような認識はギリシャ語では「ドクサ」と呼ばれるが、テアイテートスは、「ドクサには偽なる（誤った）ドクサもあるから」と断って、エピステーメーの第二の定義として、「エピステーメーとは真なるドクサである」という定義を提示する。この定義の妥当性を吟味し批判するのが第二部である。

しかし、ソクラテスは、「エピステーメーとは真なるドクサである」という定義が正しいか否かの吟味は後回しにして、そもそも誤ったドクサ（認識）というものがありうるか、ということを問題にする。そこで、誤ったドクサの可能性をめぐる五つの議論が次々と展開され、それが第二部の大半を占めている。

だが、なぜ誤ったドクサ（認識）の可能性を問題にする必要があるのだろうか。誤ったドクサ（認識）があるということは明白な事実ではないか。もっとも、プロタゴラス説を支持する者ならば、誤ったドクサ（認識）の可能性を否定するかも知れない。だが、誤ったドクサ（認識）を一切認めないような考え方は、第一部の人間尺度説批判IIにおいて既に批判された。

しかしながら、プラトンが問題にしているのは、我々のドクサ（認識）一般における誤謬の可能性ではなく、イデアの認識（ドクサ）における誤謬の可能性なのである。したがって、誤ったドクサの可能性の問題とは次のような問題である。例えば美のイデアについて誤ったドクサを持っているとは、美のイデアでないものを美のイデアだと思っているということであるが、そのようなことがありうるだろうか。

ともかく、誤ったドクサの可能性をめぐる議論を紹介することにしよう（五つの議論のうちの第二の議論以外は、誤ったドクサの規定も同じで、一連の議論をなしているが、第二の議論だけは誤ったドクサの規定も異なる異質な議論であるので、ここではこれを除く四つの議論のみを取り上げることにする)。

(1)誤ったドクサの可能性について

ソクラテスは、誤ったドクサを「AをAではなくBと思う」と規定する。これは「Aを、Aとは思わずに、Bと思う」という意味である。[*1] この規定に従えば、例えば美のイデアについて誤ったドクサを持っている人は、(a)美のイデア(A)を何か別のもの(B)と思っているか、もしくは、(b)美のイデアでないもの(B)を美のイデア(A)と思っている、ということになる。こんなふうに説明すれば問題が理解しやすいのであるが、ソクラテスの説明はいささか理解しにくい。

〈第一議論〉

第一議論においては、ソクラテスは、A、Bそれぞれについて、「知っている」場合と「知らない」場合を分けて、次のように論じる(187e-188c)。

AとBの両方を知っている人が「AをAではなくBと思う」ということはありえない。なぜなら、AをAと思わないということはAを知らないということを意味し、BでないものをBと思うということはBを知らないということを意味するからである。両方を知らない場合も、どちらか一方のみを知っていて他方を知らない場合も、「AをAではなくBと思う」ということはありえない［なぜなら、知らないものはそもそも思惟の対象とはなりえないからである］。したがって、誤ったドクサはありえないことになる。

この議論は決してわかりやすいものではないが、AとBを観念と考えると理解しやすいだろう。例えば、Aを美の観念、Bを正義の観念とすると、両方の観念を持っている人も、どちらの観念も持っていない人も、どちらか一方の観念のみを持っている人も、「美を美ではなく正義と思う」ということはありえない、ということは理解できるだろう。もっとも、AとBが観念と考えられている点に実は問題があるのであるが、それについては、以下の論述で明らかになって行くはずである。

〈第三議論〉

第三議論においては、ソクラテスは次のように論じる（189b-190e）。

ドクサとは、いろいろ思惟・思考した末に結論として得られた認識であるが、思惟・思考とは心のうちでの自問自答であるから、その結論であるドクサは心のうちでの言明である。したがって、「Aを（Aではなく）Bと思う」人は、心のうちで「AはBである」と言明していることになる。例えば「美を（美ではなく）醜と思う」人は、「美は醜である」と言明していることになる。しかし、そのような言明をするということはありえない。

以上のように考えると、誤ったドクサはありえないように思われる。だが、この議論においても、第一議論と同様、AもBも観念と考えられており、この点に問題があるのである。誤ったドクサを持つということは、イデアについて誤った観念を持つということ、例えば自分の持っている美の（誤った）観念を美のイデアの観念と思うということである。このように思う人は、例えば枯れ尾花を幽霊と見る人に擬《なぞら》えることができる。すなわち、枯れ尾花を幽霊と見る人の場合は、枯れ尾花を視覚の対象としつつ、対象そのものを見ずに幽霊を見ている、言い換えれば視覚の内容は幽霊である、というふうに視覚の対象と内容を区別することができるが、自分の持っている美の（誤った）観念を美のイデアの観念と思う人の場合も、美の観念は思惟の内容であり、美のイデアは思惟の対象であるというふうに、思惟の内容と対象を区別することができる。[*2] そうすると、美の（誤った）観念を美のイデアの観念だと思っている人は――枯れ尾花を幽霊と見る人が視覚の対象を誤って認識しているのと同様――思惟の対象（イデア）を誤って思惟しているということになるが、これが「誤ったドクサ」なのである。そうすると、美について誤った観念を持っている人は、美のイデアを美のイデアとは別のもの（すなわち、誤った美の観念）だと思っていることになる。したがって、そのような人は「Aを（Aではなく）Bと思っている」ということになるのだが、「AはBである」と心のうちで言明するわけではない（それは、枯れ尾花を幽霊と見ている人が「この枯れ尾花は幽霊である」と心のうちで言明したりはしないのと同様である）。このように、思惟の内容と対象を明確に区別すれば、誤ったドクサがありうることが明らかになる。ソクラテスも、第四議論においては、この方向で問題の解決を図る。

〈第四議論〉

第四議論においては、ソクラテスは、まず、「知っている」ということを「心のうちに記憶印象を持っていること」と定義する。そして、純粋な思惟における認識に関しては誤謬は起こりえないと論じた後に、感覚認識における誤謬を以下のように説明する（190e-195b）。

私がテアイテートスとテオドーロスを知っているとは、両人の記憶印象を持っているということである。そのような場合には、例えば遠くから両人を見た際に、両人から受け取った感覚印象と私の持っている両人の記憶印象を正しく対応づければ正しい感覚認識が成立するのであるが、誤って対応づければ誤った感覚認識となり、テアイテートスの方をテオドーロスと思い、テオドーロスの方をテアイテートスと思うということになる。

しかしながら、実際には、純粋な思惟においても、例えば「5＋7を11と思う」というような誤謬は起こりうる。ところが、先述のような説明方式では、このような誤謬の可能性を説明することはできない、とソクラテスは言う。そしてそのことを、ソクラテスは次のように説明する（195e-196c）。

5＋7を11と思う人は、12の記憶印象を11の記憶印象と思っていることになる。そうすると、その人は、両方の記憶印象を持っていながら、それぞれが何の記憶印象であるかを知らないことになる。だが、そのようなことは不可能である。

この説明は、「5＋7を11と思う」という誤謬の可能性を否定するものであるから、どこかが間違っているのであろう。だが、どこが間違っているのであろうか。我々ならば「計算間違い」として説明するところであるが、プラトンは「計算間違い」ということをまったく考慮に入れていない。したがって、先の説明における「5＋7」は、計算式というよりはむしろ、12の「記述」と理解すべきであろう。そうすると、「5＋7を11と思う」人は、5＋7（実は12）を思惟の対象としつつそれを11と思うのであるから、思惟の対象となっているものが12であることを知らないはずである。ところが、先の説明では、思惟の対象は12の記憶印象であり、「記憶印象を持っている」ということは――「知っている」ということの定義によって――「知っている」ということを意味するから、思惟の対象が12であることを知らないはずはありえないのである。だが、「5＋7を11と思う」人にとっては、12は思惟の対象となっているが思惟の内容にはなっていず、11は思惟の内容をなしているが思惟の対象とはなっていない、と言うべきである。つまり、思惟の対象と内容を区別することによって、「5＋7を11と思う」という誤謬は――12の記憶印象は思惟の対象となっているが思惟の内容とはなっていず、思惟の内容となっているのは11の記憶印象である、というふうに――正しく説明できるはずなのである。したがって、先の説明は、思惟の対象と内容を截然と区別せずに、思惟の対象は必ず思惟の内容にもなっていると見做しているがゆえに正しくない、ということになる。

〈第五議論〉

第五議論においては、ソクラテスは思惟の内容と対象を区別し、さらに知の「所有」と「所持」を区別して[*3]、次のように論じる（196d-199c）。

> 5＋7を11と思うということは、12を思惟の対象としつつ、それを――11のエピステーメーを所持することによって――11と思う、ということである。

これによって、純粋な思惟における誤謬が説明されたように見える。だが、ソクラテスは、この説明も正しくないと言う。それは、この説明によれば11のエピステーメーを所持していながら間違えるという不合理なことになるからである（199d）。そこで、ソクラテスは、先の説明がうまく行かないのは、エピステーメーの内容が具体的にどのようなものであるかをまだ把握していないからである、という結論を下す（200c-d）。かくして、エピステーメーとは何であるかという最初の問題に引き戻されることになる。

（2）定義そのものの批判

「エピステーメーとは真なるドクサである」という定義そのものは、「エピステーメーを持つことなしに真なるドクサを持つことが可能である」ということを示すことによって論駁される。それは、次のような趣旨の議論である（201a-c）。

法廷弁論家は弁論術によって説得するが、それは、教えることによってではなく、ドクサを懐《いだ》かせることによってである。というのも、例えば誰かが金品を奪われたりあるいは暴行を受けたりした現場に居合わせなかった人［陪審員］に、限られた僅かな時間内で、事件の真相を十分に教えることなどできないからである。したがって、［事件を目撃していない］陪審員たちが、見ることによってしか知ることができないようなことがら［つまり、事件］について説得された場合、もし正しい判決を下したとすれば、彼らは、陳述に基づいて真なるドクサを獲得し、エピステーメーなしに判決を下したことになる。

この議論には種々の問題点があるが、ここでは、事件の真相は「見ることによってしか知ることができない」という点のみについて考察しておきたい。これは、事実についての知識が情報として伝達されうるということを否定するものである。だが、実際には知識は伝達されうるし、そればかりか、我々の知識の大部分は情報として与えられたものだと言っても過言ではないくらいである。それでは、この点は誤りなのであろうか。

情報が真実を伝えた場合には知識が伝わったというふうに考えるならば、知識は伝達されうると言える。しかしながら、情報を受け取る側の立場に立って考えるならば、与えられた情報は——たとえ真実を伝えるものであっても——そのまま知識となるわけではない（当人は知識だと思い込むかも知れないが）。なぜなら、情報を受け取った者にとっては、その真偽は差し当たってはわからないはずだからである。そこで、情報を受け取った者にとって知識となって初めて「知識が伝わった」と言えるというふうに考えるならば、知識が伝達されうるか否かは決して単純な問題ではない。それは、一つには、「知識」という概念をどう理解するかに関わる問題である。「知識」という概念については、何ごとについても自ら真偽を確かめなければ気が済まない（言わば「独我論的」な傾向の）人と、真偽の判定を言わば「社会に委ねる」（言わば「相互主観性を重視する」タイプの）人とでは、理解が異なるように思われる。前者は、知識とは「私」が所有するものであり、その真偽は自ら確かめなければならないと考えるのに対して、後者は、知識とは社会的に公認され共有されるべきものだと考えるだろう。後者の考え方が一般的で常識的であることは言うまでもない。実際、例えば歴史的事実については、自ら（タイムマシンにでも乗って行って）確かめなければ知識とは言えない、などという極端な主張をする人はまずいないだろう。だが、プラトンは、エピステーメーに関して前者のような考え方を採るのである。[*4] それは、プラトンの「エピステーメー」概念が、我々の「知識」概念とは異なるものだからでもある。そこで、プラトンは、情報として与えられた知識は、自分で確かめない限り（デカルト的な意味で）疑いうるので、エピステーメーとは見做さないのである。

二　エピステーメー＝ロゴスを伴った真なるドクサ（第三部）

第二の定義を論駁されたテアイテートスは、エピステーメーに関して次のような説を提示する（201c-d）。

> ロゴスを伴った真なるドクサがエピステーメーであり、ロゴスを欠いたドクサはエピステーメーではない。したがって、ロゴスのないものは知られえず、ロゴスを持つものは知られうる。

テアイテートスは、第一に、「エピステーメーとはロゴスを伴った真なるドクサである」という、エピステーメーの第三の定義を提示し、第二に、「ロゴスのないものは知られえない」という説を述べているのである。この説を吟味し、エピステーメーの第三の定義を検討する部分が第三部である。

(1)「要素不可知説」

ソクラテスは、まず、テアイテートスの説を次のような理論(「要素不可知説」と呼ぶことにする)によって正当化する(201e-202b)。

事物を構成する究極の「要素」はロゴスを持たない。というのも、個々の要素それ自体は、〔それを言い表わすには〕名を言うことしかできず、他のものは何一つ付け加えることができないからである。[*5]〔要素それ自体については〕「ある」とか「あらぬ」と言うことさえできない。[*6]というのも、〔そのように言えば〕要素に存在もしくは非存在を付加することになるが、要素そのもののみを言い表そうとするならば、何ものも付け加えてはならないからである。さらに言えば、「そのもの」、「それ」、「個々の」、「のみ」あるいは「これ」などの語も付け加えるべきではない。[*7] これらは、遍く行き渡ってあらゆるものに適用される語であり、それが適用される対象とは別のものである。[*8] 仮に要素そのものが［ロゴスによって］語られうるものであり、自己に固有のロゴスを持つものであるとすれば、他の［つまり、要素自身以外の］あらゆるものを抜きにして語られなければならない。だが、実際は、いかなる要素も［要素そのものは］ロゴスによって語られえない。なぜなら、要素は名しか持たず、名を言うことしかできないからである。他方、要素から構成された複合物については、要素が組み合わされている通りにそれらの要素の名が組み合わされると、複合物のロゴスとなる。[*9] というのも、「名の組み合わせ」がロゴスの本質だからである。したがって、結局、要素はロゴスを持たず、知られえず、ただ感覚されうるのみである。他方、複合物は知られえ、語られえ、真なるドクサによって認識されうる。

この理論は、次のようなことを根本前提としている。

複合物と、それを構成する究極の要素とが存在し、あらゆるものは複合物であるか要素であるかのいずれかである。*10

そして、この前提に基づいて、「ロゴス」が次のように定義された。

ロゴスとは、要素が組み合わされている通りに要素の名が組み合わされたものである。

この定義に従えば、複合物にはロゴスがあるが要素にはロゴスがない、ということになる。そこで、エピステーメーの第三の定義に従って、次のような帰結が得られる。

複合物は知られうるが要素は知られえない。

(2)「要素不可知説」批判

次に、ソクラテスは「要素不可知説」を以下のような議論によって批判する。まず、ソクラテスの名（Sōcratēs）の第一音節（SO）のロゴスは「エスとオー」であり、それぞれの音素（SおよびO）はロゴスを持たない、ということが確認される。次いで、音節とそれを構成する音素の関係について、次の二通りの可能性が提示される。

［1］音節はすべての音素［と同じもの］である。
［2］音節はすべての音素が結合した結果として生じた単一なるものである。

そして、それぞれの場合について「複合物は知られうるが要素は知られえない」という考え方が批判される（203c-205e）。

［1］音節がすべての音素［と同じもの］である場合については、以下のように論じられる。
①ある音節（SO）を知っている者は、そのすべての音素［SとO］を知っている。
②ある音節のすべての音素［SとO］を知っている者は、その個々の音素［SおよびO］を知っている。

③それゆえ、ある音節を知るためには、その音素を予め知っていなければならない。
④したがって、もし音節が知られうるならば、音素も知られうる。

［2］音節が、すべての音素［と同じもの］ではなく、すべての音素が結合した結果として生じた単一なるものである場合については、以下のように論じられる。

①音節には部分があってはならない。
②なぜなら、部分を持つものの全体はすべての部分［と同じもの］でなければならないから。[*11]
③そこで、もし音節がすべての音素［と同じもの］でないならば、音節は音素を部分として持ってはならない。さもなければ、音節はすべての音素と同じものであり、音節も音素も知られうることになる。
④しかるに、音素は単純で不可分なるものであるがゆえに知られえないのであった。
⑤したがって、もし音節が単一・単純で不可分なるものであるならば、音節も、音素同様に、知られえないことになる。

さて、「要素不可知説」を論駁した後、[12]ソクラテスは、本題に戻り、エピステーメーの第三の定義そのものの検討に取り掛かる。

(3)エピステーメーの定義の検討

ソクラテスは、まず、「エピステーメーとはロゴスを伴った真なるドクサである」という定義における「ロゴス」という語の意味を問題にし、三つの候補が考えられると言う。そして、それぞれの候補について、エピステーメーの定義の妥当性を検討する。

「ロゴス」の第一の意味として、ソクラテスは、「声に出して言明すること」という意味を挙げるが、「ロゴス」がこのような意味だとすれば、ドクサを持っている者は誰でもそれを言明することができるから、[13]ドクサとエピステーメーが区別できないことになる、と論じて、第一の意味を直ちに斥《しりぞ》ける(206d-e)。

〈枚挙説〉

「ロゴス」の第二の意味は次のように規定される(206e-207a)。

個々のものについて、「何であるか」と問われた時に、要素を枚挙して答えることができること。

「エピステーメーとはロゴスを伴った真なるドクサである」という定義における「ロゴス」をこのような意味に解する解釈を「枚挙説」と呼ぶことにしよう。枚挙説は次のように批判される（207d-208b）。

文字を習い始めたばかりの子どもが、*Theaitētos* の *The* は正しく綴れるが、[*14] *Theodōros* の *The* は誤って *Te* と綴る、というようなことはありうる。そのような場合、その子どもは *The* という音節を知っている（エピステーメーを持っている）とは言えない。他の音節についても同様である。そうすると、そのような子どもは、*Theaitētos* の要素を正しく枚挙することができ、したがってロゴスを伴った正しいドクサを持っているにも拘らず、「知っている（エピステーメーを持っている）」とは言えない。それゆえ、ロゴスを伴った正しいドクサとエピステーメーとは同じものではない。[*15]

要するに、*Theaitētos*という名は常に正しく綴れるとしても、他の名における*The*という音節を綴り間違えることがあるならば、*Theaitētos*という名に関してさえエピステーメーを持っているとは言えない、ということである。だが、我々ならば、*Theaitētos*という名を常に正しく綴れるならば、この名に関しては「知っている」と言うだろう。したがって、プラトンの主張は奇妙に聞こえるかも知れない。だが、それは彼の「エピステーメー」を我々の言う「知識」と同じ意味と理解するからである。ここでプラトンの念頭にあるエピステーメーは、文法学者（音韻論学者）の専門的な知なのである。そして、そのような意味でのエピステーメーを持っていると言えるためには、あらゆる音節を常に正しく綴ることができなければならない、とプラトンは主張しているのである。[*16] そうすると、そのようなエピステーメーとは、個々の単語の綴りに関する知ではなく、音韻体系全体に関する知と言うべきであろう。あるいは、先の議論は、個々の単語の綴りについてのエピステーメーは音韻体系全体のエピステーメーに基礎づけられていなければならない、ということを言わんとしているのであろう。

「枚挙説」によれば要素は知られえないことになり、したがって、この説に対しては「要素不可知説」に対する批判がそのまま効力を持つ。他方、先の議論で示されたように、「枚挙説」はエピステーメーの第三の定義を正当化することもできない。つまり、「枚挙説」は言わば二重の欠陥を持っているのである。

〈差異説〉

「ロゴス」の第三の意味は、「他のすべてのものとの差異を言うことができること」と規定される（208c）。「エピステーメーとはロゴスを伴った真なるドクサである」という定義における「ロゴス」をこのような意味に解する解釈を「差異説」と呼ぶことにしよう。

「差異説」に従えば、ある人が、あるものについて真なるドクサを持っているだけでなく、そのものと他のすべてのものとの差異を説明することができるならば、その人はエピステーメーを持っていることになる。だが、「差異説」によるエピステーメーの定義も、以下のように批判される（209a-210a）。

そもそもXについて真なるドクサを持っているということは、Xと他のすべてのものとの差異について真なるドクサを持っているということを含意している（さもなければ、他ならぬXについてドクサを持っていることにはならない）。したがって、「ロゴスを伴った」という付加条件が「他のすべてのものとの差異についてドクサを持っている」という意味だとすれば、この付加条件は何も付加していないのと同じことである。他方、「他のすべてのものとの差異についてエピステーメーを持っている」という意味だとすれば、「エピステーメーとはロゴスを伴った真なるドクサである」という定義は定義項（definiens）が被定義項（definiendum）を含むことになり、形式的に誤った定義となる。

この議論によって、「差異説」もエピステーメーの第三の定義を正当化することはできないということが示された。しかしながら、「枚挙説」は、既に述べたように、「要素不可知説」批判をも免れえないという二重の欠陥を持つのに対して、「差異説」にはそのような問題はない。「差異説」の問題点は、「ロゴスを伴った」という条件が「他のすべてのものとの差異についてエピステーメーを持っている」という意味だとすれば、エピステーメーの第三の定義が形式上の欠陥を持つことになるという点のみである。つまり、エピステーメーが「他のすべてのものとの差異」に関わるものであるという点は論駁されたわけではないのである。他方、真なるドクサも「他のすべてのものとの差異」を把握している、という点も間違ってはいない。そこで、「他のすべてのものとの差異」をどのような仕方で把握すればエピステーメーとなるか、という問題が残されていることになる。とはいえ、エピステーメーは「他のすべてのものとの差異」に関わるものであるという点は、第三部の議論の――したがってまた『テアイテートス』全体の――積極的な成果である、と私は評価する。[*17] それには、次のような理由もある。

　中期のプラトンは、エピステーメーの対象（すなわち、イデア）はそれ自体として――つまり、他のイデアとの関係を考慮することなく――知られうるかのように考えていたのかも知れない。[*18] これに対して後期のプラトンは、エピステーメーの対象は、それ自体としてではなく、相互の関係の把握を通して知られうると考えるようになり、対象相互の関係を体系的に把握する方法として、「分割と統括」という方法を考え出した。そして、まさに『テアイテートス』の続編として書かれた『ソフィステース』

と『ポリーティコス〔政治家〕』〔次章註1参照〕において、この方法によってソフィストと政治家が定義されるのであるが、その定義法は「他のすべてのものとの差異」を体系的に規定する方法と性格づけることができる。それゆえ、この方法を考え出す端緒となったのが『テアイテートス』における「差異説」だったのであろうと推測される。このことは次章において確認することにしよう。

註

1 したがって、「A=B」という意味で「AはBである」〔例えば、「快楽は善である」〕と思うのはこの規定に該当しない。なぜなら、このように思う人は「AをAとは思っていない」わけではないからである。

2 イデアの存在を認めない人の場合は、単に美の観念を持っているだけで、それを美のイデアの観念だと思っているわけではないから、美のイデアは思惟の対象ではないが、いまは、プラトンの観点に立って彼の考えていることを理解することに努めることにしよう。

3 この区別は、無意識のうちに記憶している状態と、それを意識のうちに取り出した状態の区別である。

4 例えば、『メノーン』において、プラトンは、ラーリーサへの道を知っていても実際にその道を行ったことのない人は、ドクサを持っているが、エピステーメーを持っているとは言えない、と述べている（97a-b）。ただし、これは飽くまでドクサとエピステーメーの違いを説明するための便宜的な例と理解すべきであって、プラトンが道についてのエピステーメーがあると考えていたというふうに理解すべきではない。あるいはまた、いわゆる「ソクラテスの産婆術」も、知恵（エピステーメー）は人から伝授されうるものではないという考え方に、したがって真偽は自ら確かめなければならないという考え方に、立脚するものである。

5 「要素それ自体を言い表す」とは、要素に言わば「外的」なものを付け加えることなしに――言い換えれば、要素の言わば「内」に含まれているもののみを――言い表すということである。そうすると、要素は単一・単純なものであるから、「要素自身の名を言う」ことしかできないということになるのである。

6 「ある」「あらぬ」は（我々の考え方からすれば）名ではないが、プラトンは、すぐ後にも述べられるように、「aはある」という言明は「aと〈ある〉が組み合わされている」という事態を表現するものであり、「a」と「ある」はそれぞれの名である、というふうに考えるのである。なお、ソクラテスは、要素について「aはある」というような言明をすることができないと言っているわけではなく、このような言明は「要素それ自体を言い表す」言明ではないと言っているだけである〔前註参照〕。

7 ここに挙げられている語は（「のみ」を除けば）代名詞であり、「ある」「あらぬ」が対象を言わば「記述」するものであるのに対して、対象を「指示」するものである。すぐ後の説明を読めば、プラトンはこのような機能の違いに気づいていなかったわけではないようにも思われる。

8 「それが適用される対象とは別のもの」とは、それが適用される対象の名ではないと言わんとしているのである。

9 「ロゴス」には「文」「命題」「言明」という意味もあるが、この「ロゴス」は、複合物そのものを言い表すロゴスであるから、「定義」というような意味であろう。

10 この前提は唐突に見えるかも知れないが、実は、テアイテートスの提示した説〔本節冒頭参照〕に含意されている。というのも、彼の説は「ロゴスを持つもの」という言い方によって、(ロゴスを語る人間ではなく)ものそれ自身が「ロゴスを持つ」という考え方を前提しているので、「ロゴスを持つ」ものは、ロゴスによって表現される複合的構造を持つ複合物でなければならず、他方、複合物の存在は、それを構成する究極の単純な要素の存在を要請するからである。

11 このことはいささか長い議論(204a8-205a10)によって証明されている。その証明に問題がないわけではないが、我々の当面の問題を考察するに当たっては、証明の詳細に立ち入る必要はないので、割愛する。

12 先の議論に問題がないわけではないが、〔1〕〔2〕それぞれの結論は妥当なものと見做しうるので、問題点には立ち入らないことにする。

13 第二部の第三議論において、ドクサは「心のうちでの言明」と規定された。本章第一節(1)参照。

14 これは、*Theaitētos*という綴りを偶々正しく綴れることもあるとか、正しい綴りだという十分な確信なしに正しく綴ることができるとかいうことではなく、そのつどそう綴るべきだと確信して正しく綴ることができるということである。

15　この批判は、ロゴス（綴り）を単に記憶しているだけではエピステーメーとは言えない、ということを含意している。このことから明らかなように、「ロゴスを伴った」という表現は「ロゴス（定義）を記憶している」という意味ではない。

16　次章第三節（1）の引用文末尾参照。ちなみに、第一部において、エピステーメーは誤ることがないという考え方が述べられていた（152c［第七章第三節参照］）。

17　私は、プラトンは「枚挙説」を斥けたと理解する。それは、先述の「二重の欠陥」は解消しえないと考えるからであるが、他に次のような理由もある。ソクラテスは、「枚挙説」を導入する際に、ヘシオドスの「車の［車を構成する］百の木材」という表現を引用し、彼自身はそれらすべての名を言うことはできず、「車とは何か」と問われたならば「車輪、車軸、車体、横木、軛《くびき》」と答えることで満足するだろうと述べているが（203a3-7）、「車の百の木材」という表現には「枚挙説」に対する揶揄が籠められているように思われる。
――ただし、「枚挙説」にも意義がないわけではない。というのも、要素の枚挙も、場合によっては、「他のすべてのものとの差異」を説明する方法となりうるであろうから。つまり、「差異説」は「枚挙説」を排除するものではないのである。

18　少なくとも、イデア相互の関係ということを主題的に問題にすることはない。また、想起説――例えば、等しいものを見て等しさのイデアを想起する（『パイドーン』）とか、美しいものを見て美のイデアを想起する（『パイドロス』）という考え方――は、そのような考え方に立脚しているように思われる。

◉第九章

分割法

『ソフィステース』『ポリーティコス』

プラトンは、『テアイテートス』の続編として書いた『ソフィステース（ソフィスト）』において「ソフィスト」を分割法によって定義し、その続編『ポリーティコス（政治家）』において「政治家」を、やはり分割法によって定義している。[*1] それでは、分割法とはどのような方法か。

一 釣師の定義

『ソフィステース』においては、エレアの人[*2]が「ソフィスト」を定義するのであるが、彼は、まずは何か簡単なものを定義して、それをパラデイグマ（手本）にしようと言って、「釣師」を分割法によって定義する（219a-221c）。

最初に釣師は「技術を持っている者」であるということが確認され、技術を分割して行くことによって釣魚《ちょうぎょ》術が定義される。その分割は、簡略に要点のみを示せば、以下の如くである（なお、エレアの人は、分割を行なうごとに、釣魚術はどちらの分割肢に属するかを確認するのであるが、それも省く）。

①技術は、製作術と獲得術に分けられる。

②獲得術は、贈物・賃金・売買による自発的な交換の術と、行為もしくはロゴスによる征服の術に分けられる。

③征服術は、公然と行なわれる闘争の術と、秘かに行なわれる狩猟の術に分けられる。

④狩猟術は、無生物を狩る術（これには名はない）と、動物狩猟術に分けられる。

⑤動物狩猟術は、陸棲動物を狩る陸上狩猟の術と、水棲動物を狩る水上狩猟の術に分けられる。

⑥水上狩猟術は、有翼のものを狩る水鳥捕獲術と、水中に棲むものを狩る漁撈術に分けられる。

⑦漁撈術は、囲い（例えば、網）による包囲狩猟術と、釣針やヤスなどの打撃による

打撃術に分けられる。
⑧打撃術は、夜中に火の光の下で行なわれる漁火漁術と、昼に釣り針やヤスで行なわれる鉤針漁術に分けられる。
⑨鉤針漁術のうち、上から下に向かっての打撃によるものは（ヤスを使うので）ヤス漁術と呼ばれ、釣り針を使い、釣竿で下から上へ引き上げるものが釣魚術である。

最後に、エレアの人は釣魚術の定義を次のように述べる。

「技術のうちの、獲得術のうちの、征服術のうちの、狩猟術のうちの、動物狩猟術のうちの、水上狩猟術のうちの、漁撈術のうちの、打撃術のうちの、鉤針漁術のうちの、下から上へと引き上げる打撃によるもの」が、この行為に因んで[*3]「釣魚術」と呼ばれる。

要するに、分割の結果を、途中の分割肢すべてを順番に列挙するという形で述べたものが「釣魚術」の定義だというわけである。だが、この定義の方法に関しては、問題とすべき点がいくつかある。以下で、それらについて論じることにしよう。

(1) 定義の対象はなぜ「釣魚術」なのか

定義すべきものは釣師であったのに、定義されているのは釣魚術である。これはなぜか。

釣師を定義する場合、定義の対象としての釣師とは何なのか。「釣師」という名は人間について言われる名であるが、定義されるべきは、釣師を釣師でない人間から区別するようなもの、言い換えれば、釣師を釣師たらしめているものである。しかるに、釣師を釣師たらしめているものとは、彼が持っている技術すなわち釣魚術である。それゆえ、釣師を定義する場合には釣魚術が定義の対象となるのである。

(2) 定義の対象はイデアか

定義の対象としての釣魚術は釣魚術のイデアなのか。

分割の最終段階で「釣り針を使い、釣り竿で下から上へ引き上げる」という規定が述べられているが、この規定は、釣魚術という抽象的な観念ではなく、魚を釣る具体的な人間（釣師）を念頭に置いた規定であろう。また、定義の途中の段階でも、それぞれの技術を持った具体的な人間が念頭に置かれているように思われる。したがって、分割法による定義の過程では、さまざまな技術を持った人間を念頭に置きつつ「集合論的」な観点から分割が行なわれている、と理解すべきであろう。ただし、それは、技術を持つ人間の集合を分割して行くことによって、釣魚術を持つ人間の集合としての「釣師」が定義されるという意味ではなく（定義の対象は釣師ではなく釣魚術であるということは先に論じた）、技術を持つ人間の集合を分割して行くことによって釣師の集合を画定し、その集合のすべての要素が共有している技術としての「釣魚術」が定義される、という意味である。このように分割法を「集合論的」に理解すると、分割法による定義においては「釣魚術」という観念の内容が分析されるわけではないので、技術の分割の際には「釣魚術」という観念が念頭に置かれているであろうが、その観念は具象的な内容を持っている必要はない、ということになる。そうすると、それは「観念」というよりは「概念」と呼ぶべきものである。[*4] つまり、分割法を採用することによって、プラトンの「イデア」理解は、観念もしくはその対象としてのイデアから、より抽象度の高い概念もしくはその対象としてのイデアへと進展したと思われる。あるいは、その緒に就いたと言うべきかも知れない。というのも、プラトン自身は、この段階では、まだ観念と概念の区別さえ明確に把握していなかったかも知れないからである。とはいえ、分割法という方法が、「イデア」理解の、観念から概念への進展を促すものであることは確かである。

(3)定義の知識がエピステーメーなのか

分割の最後に、分割肢を列挙するという形で述べられた「定義」を知っていることが、エピステーメーを持っているということなのか。

おそらく、釣魚術について「ロゴスを与える」とは、単に先述のような「定義」を述べることではなく、分割の過程全体を説明することを含む、あるいはむしろ後者の方がより本質的なことである、と理解すべきだろう。そうすると、「定義の知識」がエピステーメーだというわけではないことになる。このこととの関連で、分割法による定義は「他のすべてのものとの差異」を説明する方法と見做すことができる、という点に注意を促しておきたい。つまり、分割法は、釣魚術と「他のすべてのものとの差異」を極めて効率的に説明する方法と見做すことができるのである。そうだとすれば、この方法は『テアイテートス』におけるエピステーメーの第三の定義についての「差異説」に立脚している、と理解することができる。[5] もっとも、「差異説」は『テアイテートス』では批判されたのであるが、既に論じたように、その批判は定義としての形式に関する欠陥を指摘しただけであり、「他のすべてのものとの差異の説明」という考え方自体が批判されたわけではないし、そもそもプラトンの関心はエピステーメーを定義することにあったのではないように思われる。

（4）分割法は「統括」という方法を用いないのか

分割法による定義においては、後期のプラトンの探究法として有名な「分割（*diairesis*）と統括（*synagōgē*）」[6] の方法のうちの「分割」だけしか用いられていないが、分割法による定義には「統括」は必要ないのか。

確かに、分割法による定義においては「統括」の過程はまったく語られていない。しかしながら、「分割」の出発点として、釣師を「技術を持っている者」と規定した時には、釣師を含めたさまざまな技術者を視野に収め、それらの共通点に着目しているはずである。そうだとすれば、それはまさに「統括」に他ならない。あるいは、釣師から「技術を持っている者」に到る過程として、次のような過程を考えるべきかも知れない。すなわち、釣師と共通の特徴を持っている者として、まず（例えば）漁師が「統括」によって把握され、そこから、先の「分割」とは反対の方向を辿って、「技術を持っている者」に到達する、という過程である。ともかく、先の「分割」の過程は、必ずしも最初の探求の過程の順序通りであるとは限らない、ということである。したがって、エレアの人が「分割」を始めた時には、彼は（あるいは、著者プラトンは）既に探求を済ませており、彼の頭の中には「分割」の全過程があった、と考えるべきであろう。このように考えるならば、定義を他者に説明する際には「分割」のみが用いられるが、定義を探求する過程では「分割」と「統括」の両方が用いられる、と考えるべきであろう。

二　ソフィストの定義

釣師の定義を手本にして、ソフィストの定義が試みられる。まずは、六通りの定義が次々と述べられる。そのうち第一–第五の定義は、釣師の定義を単に手本にしているだけでなく、それの途中の段階から、すなわち獲得術の分割から始められる。ここでは、分割の過程は割愛して、最終的な定義の部分のみを挙げることにしよう。ソフィストは、徳を教える教師だと詐称して、金持ちの息子を惹きつけて弟子にし、親から授業料を取るが、まず、金持ちの息子を惹きつけて弟子にするという点に着目した定義が与えられる。

第一の定義：獲得術のうちの、征服術のうちの、狩猟術のうちの、動物狩猟術のうちの、陸上狩猟術のうちの、人間狩猟術のうちの、説得による狩猟術のうちの、私的狩猟術のうちの、金銭獲得術のうちの、似而非教育術[*7]のうちの、富裕な名家の若者を狩猟する術。（221c-223b）

次に、ソフィストは授業料を取るという点に着目した定義が与えられる。

第二の定義：獲得術のうちの、交換術のうちの、販売術のうちの、貿易術のうちの、ロゴスや知識など魂に関わるものの貿易術のうちの[*8]、徳の販売術。（223c-224d）

第三、第四の定義：獲得術のうちの、交換術うちの、販売術のうちの、徳につい

ての知識の小売術［第三の定義］、あるいは、製造販売術［第四の定義］。[*9]（224d-e）

次に、ソフィストは論争という手段を用いるという点に着目した定義が与えられる。

第五の定義：獲得術のうちの、闘争術のうちの、戦闘術のうちの、論争術のうちの、反論術のうちの、争論術のうちの、金儲けの術。（224e-226a）

最後に、ソフィストは弟子と議論して論駁するという点に着目した定義が与えられる。

第六の定義：分別術のうちの、浄化術のうちの、魂に関わる部分のうちの、教授術のうちの、教育術のうちの、似而非の知恵[*10]に関する論駁の術。（226a-231b）

エレアの人は、以上の六通りの定義を述べた後に、「ソフィストの術」という一つの名で呼ばれるものは一つの技術であるから、これらの定義はソフィストが持っているように見えるにすぎない多くの技術を定義したものであり、ソフィストの言わば「本質」を捉えていない、と言い（232a）、ソフィストの真の定義に取りかかる。そして、ソフィストは真実を語るわけではない、言い換えれば虚偽を語る、という点に着目して、[*11]次のような定義を与える[*12]（これに関しても、分割の過程は割愛する）。

製作術のうちの、ことばによる製作の術のうちの、像の製作術のうちの、虚像の製作術のうちの、模倣術のうちの、ドクサ的な模倣術のうちの、まやかし的な模倣術のうちの、（相手を）矛盾に陥らせる術を持っている者がソフィストである。

（268c-d）

この定義をもって――より厳密に言えば、それを承認するテアイテートス[*13]の短い言葉をもって――『ソフィステース』は終っている。

以上の議論を見る限り、分割法はソフィストを定義するのに有効に機能しているように見える。したがって、分割法はプラトンが最終的に到達した決定的な定義の探求法と言えるように思われる。しかしながら、『ポリーティコス』における政治家の定義の過程を見ると、分割法の有効性にいささか疑問が感じられる。この点を次に確認することにしよう。

三　『ポリーティコス』における分割法について

『ポリーティコス』においては、エピステーメーを分割して行き、まずは政治術を「群の飼育術」と規定する（258b-261e）。次に、政治術によって飼育される動物を規定するために動物を分割して行き、人間を規定する（261e-266b）。かくして、「人間の群の飼育術」という定義が得られる。[*14] だが、この定義は直ちに批判される。第一の問題点は「飼育術」という規定にある。政治家は、牧夫が家畜の群を飼育するように、人間の群を「飼育する」わけではない、というのである。そこで、「飼育術」という規定は「世話をする術」と改められる[*15]（これを「第一の定義」と呼ぶことにする）（275d-e）。第二の問題点は、「人間の群を世話する術」という定義には政治術以外のものも含まれる、という点である。そこで、エレアの人は「パラデイグマ（範例）」による方法というものを提唱し、機織術をパラデイグマとして用いて政治術の最終定義を与える。まずは、パラデイグマによる方法について説明し、その意義を考察することにしよう。

エレアの人は、パラデイグマによる方法について、次のように説明している（277e-278c）。

（1）パラデイグマによる方法について

文字を習ったばかりの子どもは、短くて簡単な音節の中の個々の音素は十分に聞き分けることができ、それらがどのような音素であるかを正しく言うことができる。しかし、その同じ音素が別の音節の中にあるとわからなくなり、誤って認識したり、間違ったことを言ったりする。そのような子どもに未だ知らない音節を教えるのに最も容易で最もよい方法は、次のような方法である。まず、［与えられた音節（例えば、*philosophia*）のうちの、彼が正しく認識できない音素（例えば、*ph*）について］、［それと同じ音素を含み］その同じ音素を彼が正しく認識したような［短くて簡単な］音節（例えば、*phēmi*）へと連れ戻し、その音素（*ph*）を、彼が正しく認識できない［与えられた音節の］音素と並べ、両者を比較して、両方の音節の中に同一の、類似した音素があることを示し、さらに、彼が正しく認識できない音素すべてに至るまで、[16]

彼が〔短くて簡単な音節の中で〕正しく認識した音素と並べて、同様のことを示すと、パラディグマが成立し、その結果として、あらゆる音節のあらゆる音素について、異なる音素は異なる音素として、同じ音素は同じ音素として、いつでも同じようにそれぞれの音素の名を言うようにすることができる。

この説明においては「短くて簡単な音節に関しては、子どもは、音素も音節自体も知っている」と前提されている、と理解する人がいるかも知れない。だが、そのようなものに関しては、「十分に聞き分ける」とか「正しく言う」とか「正しく認識する」という表現が用いられており、「知っている」という表現は一度も用いられていない。ちなみに、『テアイテートス』第三部においては、*Theaitētos* の *The* は正しく綴れるが *Theodōros* の *The* は誤って *Te* と綴る子どもは、*The* という音節について〔したがってまた、*Th* という音素についても〕、ドクサは持っているがエピステーメーは持っていないと論じられていた〔第八章第二節（3）参照〕。[*17] ここでも同様に理解すべきであろう。つまり、文字を習ったばかりの子どもは、短くて簡単な音節およびその音素に関しても、ドクサしか持っていない、というふうに理解すべきである。したがって、先の説明は、第一に、エピステーメーは持っていないがドクサは持っている状態を、「同じ音素を、短くて簡単な音節においては正しく認識できるが、長くて難しい音節においては正しく認識できない状態」というふうに説明し、第二に、そのような状態にある者をエピステーメーへと導く方法を説明している、と理解すべきであろう。要するに、我々の探究の出発点はドクサであり、そこからエピステーメーに到るための（一つの）方法としてパラデイグマによる方法が提唱された、ということである。

（2）機織術の定義法をパラデイグマとした定義

エレアの人は機織術の定義をパラディグマにして政治術を定義するのであるが、機織術の定義は二段階からなる。第一段階では、製作術を分割して行き、機織術は「衣服を製作する技術」と定義される（279c-280a）。第二段階では、衣服の製作に関わる他のさまざまな技術を排除することによって、機織術は「横糸と縦糸を織る技術」と定義される（281d-283a）。機織術の定義をパラデイグマとした政治術の定義は、この第二段階の定義をパラデイグマにして行なわれる（先に述べた政治術の「第一の定義」が、機織術の定義の第一段階に当たる）。

機織術の第二段階の定義では、最初に、［1］衣服製作の「補助原因」となる技術（衣服製作のための道具を作る技術）が排除され、次に、［2］（機織術に奉仕する）「奉仕的技術」が排除される。この点が、政治術の第二段階の定義のパラデイグマになるのである。

政治術の第二段階の定義は以下のようなものである。

［1］補助原因となる技術として、国家の生成および管理・運営に必要な道具を作る技術と群の飼育術が排除される[*18]。（287b-289d）

［2］国家の支配あるいは政治に奉仕する者たちが排除される。第一は奴隷、第二は商業活動に携わる者、第三は伝令や文書に関する専門家、第四は予言者と神官である。（289d-290d）

［3］エレアの人は、まず最初に、現実に存在する国制を六通りに分類し[*19]（291c-292a）、次に、正しい国制はどのようなものであるかを説明し（292a-297b）、最後に、六通りの現実の国制は正しい国制ではなく、その支配者は真の政治家あるいは国王ではないと論じて排除する[*20]（297b-303b）。

［4］最後に、弁論術と統帥術と裁判術が排除される（304b-305c）。

〔3〕で、現実の国家を支配（管理・運営）している政治家・国王が、真の政治家・国王ではないとして排除されたが、彼らは「『国を治める者（政治家）』ではなく『国を乱す者』であり、誤った国制の擁護者であり、彼ら自身も最大の模倣者で最大のペテン師であり、『ソフィストの中のソフィスト』である」と言われている（303c）。つまり、彼らはそもそも「人間の群を世話する術」と呼べるような技術を持っていると見做されていないのである。そうだとすれば、〔3〕は「人間の群を世話する術」から始められた「分割」の一段階をなすとは言えないことになる。また、〔4〕においては、排除されるべきものとして弁論術と統帥術と裁判術が列挙されているにすぎず、体系的な「分割」が行なわれているわけではない。それゆえ、列挙に遺漏はないかという疑問が残る。しかし、ともかく、以上の議論において、政治術が、政治（国家の管理・運営）に関わる他のさまざまな技術から区別されることによって定義された。これを「区別による定義」と呼ぶことにしよう。

（3）機織術の定義をパラデイグマとした定義

以上で政治術が定義されたかに見えるが、この後、エレアの人は、「機織術の定義をパラデイグマにし、それに即して政治術を定義しよう」と言い（305e）、「横糸と縦糸を織る技術」という機織術の定義をパラデイグマとして、政治術のさらなる定義を述べる。これを「パラデイグマに即した定義」と呼ぶことにしよう。彼は、まず、勇敢な人と節度ある人は折り合いが悪いと論じ[*21]、国家は、節度ある人たちが主導権を取っても、勇敢な人たちが主導権を取っても、他国への隷属の危機に曝されると論じる。そして、勇敢な人を縦糸に、節度ある人を横糸に擬えて、政治術を最終的には「勇敢な人たちと節度ある人たちを均質な織物に織る技術」と定義する。これは、要するに、「勇敢な人たちと節度ある人たちに国家を共同支配させる技術」という意味である。この定義を承認する「若いソクラテス[*22]」の短い科白で『ポリーティコス』は終っている。

（4）分割法は決定的な探究法か

以上の議論においては、まず分割法による機織術の第二段階の定義が、「補助原因」

と「奉仕的技術」を分離するという発想を提供する点において、政治術の第二段階の定義のパラデイグマとなっている。しかし、その後で、「横糸と縦糸を織る技術」という機織術の定義そのものが、「勇敢な人たちと節度ある人たちを均質な織物に織る技術」という政治術の最終的な定義のパラデイグマとなっている。このことは、政治術は分割法だけでは定義できないということを意味するように思われる。そうだとすれば、分割法はもはや決定的な探究法とは言えないだろう。

それでは、分割法による機織術の定義をパラデイグマとして行なわれた政治術の定義（「区別による定義」）もまた分割法による定義なのだろうか。以下のような点を考えると、分割法による定義ではないようにも思われる。第一に、分割法による定義は——『ソフィステース』および『ポリーティコス』における実例から判断するに——最初に出発点となるものを確定し、①それを二つに分割し、②定義されるべきものがそのうちのどちらに属するかを確定し、定義されるべきものに到達するまで①②を繰り返し、最後に途中の分割肢すべてを列挙するものであるが、「区別による定義」においてはこのような手続きはまったく顧慮されていない。第二に、既に述べたように、「3」における、真の政治家と現実の政治家の区別は「分割」の一段階とは見做せない。第三に、『ポリーティコス』では、「分割」に際しては二等分すべきだと言われているが（262a-b）――このような分割法を「二分法」と呼ぶことにしよう――「区別による定義」は、「二分法」によるものではない（cf.287c）。しかしながら、「区別による定義」は分割法とはまったく別の方法とも言い難い。というのも、それは、集合論的観点に立って、政治術を持つ者を他の諸技術を持つ者から区別するものであるが、これは分割法の発想に他ならないからである。そこで、以下のように理解すべきではないかと思われる。プラトンは、『テアイテートス』で達成した成果を承けて、「他のすべてのものとの差異」を規定する方法として、『ソフィステース』において「二分法」を導入したが、『ポリーティコス』では、政治術は「二分法」という単純な分割法によって定義することができないということに気づいた。そこで、少なくとも「二分法」に固執できなくなった。しかし、分割法の前提となっている、「他のすべてのものとの差異」を集合論的観点から規定するという考え方は捨ててはいない。そこで、「区別による定義」においては、言わば「変則的」な分割法を用いざるをえなかった。それゆえに、機織術の定義をパラデイグマとして用いる必要があったのである。

そうだとすれば、プラトンは、既に『ポリーティコス』において、言わば「本来的」

な分割法を決定的な方法とは考えていなかったということになるだろう。ちなみに、『ポリーティコス』より後に書かれた『ピレーボス』においては、分割法についてのかなり詳しい説明が提示されているが、それにも拘らず、この方法はまったく活用されない。このことは、プラトンが『ポリーティコス』以後に分割法について再考して規定し直し、分割法を有効な方法と認めつつも、あらゆる問題を解決しうる決定的な方法ではないと考えるに至った、ということを示しているのではないだろうか。このことを確かめるために、最後に、『ピレーボス』における分割法の扱いを見ておこう。

四　『ピレーボス』における分割法について

『ピレーボス』においては、「すべての人間に幸福な生をもたらしうるような魂の状態」(11d)としての「善いもの」とは何であるかという問題をめぐって、それが快楽であるか理性・思慮であるかが論じられる。それは要するに「善いものとは何であるか」という問題であるから、分割法によって「善いもの」を定義すれば決着のつく問題ではないかとも思われるが、そのような探求法は採られない。しかしながら、「分割と統括」について論じられる条りもある。ここでは、その条りをやや詳細に取り上げることにしよう。

ソクラテスの対話相手のプロータルコスは、快楽はすべて善いものだと主張する。これに対して、ソクラテスは、快楽にもさまざまな種類があり、なかには悪い快楽もある、ということをプロータルコスに認めさせようとする。プロータルコスは、快楽にさまざまな種類があることは認めるが、それは快楽をもたらす原因の違いであって、快楽であるという点では同じである、と主張する。

するとソクラテスは、「一かつ多」の問題[*23]に正しく対処しなければアポリアに陥ると言い、アポリアに陥らないための方法として「分割と統括」の方法を導入するのである。この方法について、ソクラテスは、「私がいつも愛用している方法であるが、しばしば私の手をすり抜け、私は取り残されて為す術がなかった」と言い（16b）、さらに「それを説明することはそれほど難しくはないが、それを用いることは極めて難しい」と言っている（16c）。

「分割と統括」の方法は次のように説明されている（16c-e）。

イデアは一と多からなり、そのうちには限と無限が、本性的に一体となって、ある。我々は、このようにして秩序づけられたものに関して、そのつど、全体に共通する一つの特徴を措定して探究しなければならない。そして、そのような特徴を把捉したならば〔統括〕、次には二つの特徴を、あるいは、もし二つに分けられなければ、三つあるいはそれ以上の特徴を探求し、さらに、それぞれの特徴について同じことを繰り返し〔分割〕、こうして、最初の一なるものを、一でも多でも無限でもあるということを見るだけではなく、いくつであるかも見なければならない。つまり、多なるものに無限を帰する前に、そのものに属する、無限と一の中間の数を見極めなければならないのである。

この説明には注意すべき点が一つある。それは、「三つあるいはそれ以上」に分割することが許容されている点である。これは、分割法に関して、『ソフィステース』と『ポリーティコス』における「二分法」という考え方に修正が加えられたことを示していると思われる。[*24]

さて、「分割と統括」の方法は、快楽が「一かつ多」であるという問題に対処するために導入されたのであるが、ソクラテスは、この方法の説明を終えて再び本来の問題に立ち帰る段になると、「私の判断では、快楽の種類の分割の議論はもはや必要ない。このことは議論が進めば自ずと明らかになるだろう」と言い(20c)、「分割と統括」の方法を用いることなく、新たな議論を展開する。しかも、最後まで、「分割と統括」の方法が用いられることはない。

このことは、いったい、何を意味するのだろうか。「分割と統括」の方法を用いなかったのは、ソクラテスが言う通り、その必要がなかったからなのだろうか。そうだとすれば、プラトンはこの方法をあらゆる探究に利用しうる、言わば「万能」の探究法とは考えていなかったということになるだろう。だが、結局は用いないのならば、そもそもこの方法を持ち出す必要もなかったのではないか。この方法をわざわざ説明しているのは、おそらく、プラトンがこの方法に高い価値を認め、そのことを読者に伝えたかったからであろう。実際、ソクラテスは、「この方法に則っているか否かによって、議論が哲学的であるか論争的であるかが区別される」と言っている(17a)。他方、この方法を用いなかった点に関しては、ソクラテスがこの方法を用いることは難しいと言い、しばしばこの方法で探究に失敗したとも言っていたことにむしろ着目すべきかも知れない。そうすると、プラトン自身がこの方法によって「快楽の種類の分割」をすることができなかったという可能性も考えられる。そうだとすれば、彼はこの方法を理念的あるいは理想的な探究法と考えていたという可能性も考えられる。

註

1 『テアイテートス』は「テオドーロスよ、明日またここで会いましょう」というソクラテスの言葉で終り、『ソフィステース』は「ソクラテスよ、昨日の約束にしたがってやって来ました」というテオドーロスの言葉で始まっている。このことは、明らかに、プラトンが『ソフィステース』を『テアイテートス』の続編として書いたということを示している。また、『ソフィステース』において、エレアの人〔次註参照〕が「ソフィスト」と「政治家」と「哲学者」を定義することを引き受け、『ソフィステース』においては「ソフィスト」を定義し、『ポリーティコス』においては「政治家」を定義するので、『ポリーティコス』が『ソフィステース』の続編として書かれたものであることも明らかである。

2 プラトンの作品の大部分はソクラテスを主役にしているが、『ソフィステース』と『ポリーティコス』は無名のエレアの人が主役である。ちなみに、エレアはパルメニデス学派の本拠地で、この学派は「エレア派」と呼ばれる。

3 *aspalieutikē*（「釣魚術」）は、*anaspasthai*（「下から上へと引上げる」）と *halieutikē*（「漁撈術」）から合成されて作られた名である、と言いたいのである。ただし、この語源解釈は明らかに牽強付会である。プラトンの語源解釈には —— 特に『クラテュロス』におけるそれが有名であるが —— いつも、言わば「遊び」の感じが漂っている（少なくとも私にはそう感じられる)。

4 「観念」と「概念」の区別については、第六章註8参照。

5 「差異説」については、前章第二節(3)参照。

6 「統括」というのは、共通の特徴を持っているものどもを一つに括るという方法である。「分割」については、改めて説明するまでもないだろう。

7 彼らは徳を教えると自称しているが、彼らの教育を受けた若者が本当に有徳な人間になるわけではないので、このような規定が付け加えられているのである。

8 これはソフィストが外国人の場合である。

9 第三の定義は、他者から学んだ知識を教える場合であり、第四の定義は自分で発見した知識を教える場合である。

10 本当は知恵がないのに知恵があると思っている状態を指す。

11 このことに着目した段階で、「虚偽を語る」ことがいかにして可能であるかという問題をめぐる議論が展開される(236c-263d)。その議論は、量的にも質的にも、『ソフィステース』の主題とも見做しうるものであり、事実、たいていのプラトン研究者の『ソフィステース』研究はこの議論に集中していると言っても過言ではない。その議論については、次章で詳しく論じることにする。

12 これまでの定義では分割の順番にしたがって分割肢が列挙されていたが、この定義においては、原文では、分割肢を列挙する順番が逆になっている。しかし、原文通りの順番で分割肢を列挙するとたいそうわかりにくいので、分割の順番にしたがって列挙することにする。

13 『ソフィステース』におけるエレアの人の対話相手。

14 正確に言えば、政治術の定義は「エピステーメーのうちの、……のうちの、……のうちの、……」というふうに、途中の分割肢をすべて列挙したものである（cf.267a-c）。

15 「飼育術」は動物としての人間を──言い換えれば、人間を身体的な次元で──管理・支配する技術であるのに対して、政治術は精神的な次元も含めて人間を管理・支配する技術だからである。

16 同じ音素（例えば、*ph*）も、人によって、あるいは同じ人でも発音するたびに、まったく同じ音というわけではないので、端的に「同一」とは言えないが、異なる音素が（例えば、*ph*と*p*のように）類似していることもあるので、端的に「類似した」とも言えない。それゆえ、「同一の、類似した」という表現が用いられているのであろう。

17 音素についてのエピステーメーは、すべての音素についての体系的な（音韻論的）知と考えられているのである。

18 これについては以下の七種類が列挙されている。①何かを製作するための（狭義の）道具を作る技術、②製作されたものを保存するための容器を作る技術、③乗物を作る技術（大工術、製陶術、銅細工術など）、④衣服や武具や壁など、予防するためのものを作る技術（機織術、建築術など）、⑤娯楽のためのものを作る技術（絵画術、音楽術など）、⑥素材（金属、木材など）を提供する技術、⑦身体の養いに関わる技術（農耕術、狩猟術、体育術、医術、料理術など）。

19 詳論は割愛するが、支配者の数が一人か少数か多数かによってまず三通りに分け、それぞれを、支配が強制的か否か、貧富の差、遵法と違法という観点から二つに分ける。六通りの国制とは——エレアの人が付ける順位に従って列挙すると——王制、貴族制、民主制、衆愚制、寡頭制、僭主制である。

20 したがって、定義されるべき政治術とは、現実には存在していない言わば「理想的」な政治家もしくは国王の技術だということになる。

21 初期・中期のプラトンは、日常的に用いられている意味での「節度」や「勇気」と、真の意味での「節度」や「勇気」を区別し、後者は知恵もしくは理性に基礎づけられたものと考えていたようである。したがって、後者の意味での「節度」と「勇気」は、共存し難いものではなく、むしろ知恵ある人には共存しているはずのものである（もっとも、プラトンの考えている「知恵ある人」は言わば「理想的人間」であるから、そのような人が現実に存在しているかどうかは疑問であるが）。したがって、以下の議論における「節度ある人」と「勇敢な人」は、明らかに、前者の意味で用いられている。つまり、プラトンは、政治術というものを、現実に存在している（日常的な意味で）「節度ある人たち」と「勇敢な人たち」を協同させて国家を管理・運営させる技術というふうに、言わば「現実的な次元」で考えているのである。ただし、政治術そのものは「理想的」なものとして考えている。これは、一見、矛盾しているように見えるかも知れないが、以下のように理解すれば、決して矛盾ではない。プラトンは、「現実の国家はさまざまな問題を抱えているが、それは政治（国家の管理・運営）が正しく行なわれていないから——言い換えれば、真の政治術を持っていない者が国家を管理・運営しているから——であり、理想的な真の政治術によって国家が理想的に管理・運営されれば、それらの問題はすべて解消するはずである」という考え方に立って、真の政治術とは何であるかを探求しているのである。

22　『ポリーティコス』における、エレアの人の対話相手。テアイテートスと同年代の青年で、かの有名なソクラテスとは別人である。

23　同じものが一つのものであると同時の多くのものである（例えば徳は、徳という一つのもの

であると同時に、正義・節度・勇気・知恵という四つのものでもある）という、一見矛盾を孕

んだ事態をどのように説明するか、という問題。

24　『ポリーティコス』においても、政治術の最終定義の際に、三つ以上に分割するという考

え方は述べられているが、既に論じたように、それが「分割法」に即した分割と見做さ

れているかどうかは疑問である［二二九‐二三〇頁参照］。

第十章

イデアのコイノーニアー

『ソフィステース』

『ソフィステース』におけるソフィストの最終定義は、虚偽を語ることが可能であるということを前提している〔前章第二節および同章註11参照〕。この前提は、我々にとっては自明なことであり、わざわざ正当化する必要もないように思われるが、プラトンにとっては、どういうわけか、正当化が必要だと感じられ、しかもそれは極めて困難なことだったらしい。というのも、『ソフィステース』以前にもプラトンは虚偽の可能性の問題を何度か論じているが、[*1] 虚偽の可能性はうまく説明できなかったからである。しかし、『ソフィステース』においては虚偽の可能性の説明に成功している。本章ではその議論を紹介しよう。

だが、なぜ虚偽の可能性を説明することがそれほど困難だったのだろうか。それは、彼が偽なる言明を「〈あらぬもの〉[*2]を語ること」[*3]と規定するところに原因があるらしい。だが、「〈あらぬもの〉を語ること」という規定にどのような問題があるのか。まずは、『ソフィステース』におけるプラトン自身の議論を紹介しよう。

一　「〈あらぬもの〉を語ること」に関するアポリア

エレアの人は、〈あらぬもの〉を語ることが不可能であるということを、以下のように論じている（237b-e）。

[1]「あらぬもの」という名は〈あるもの〉[4]に適用すべきではない。[5]したがって、〈何か〉（something）にも適用すべきではない。なぜなら、〈何か〉は〈あるもの〉であるから。

[2]〈何か〉を語る者[6]は何か一つのもの[7]を語っている。したがって、〈何か〉でないものを語る者は〈無〉[8]（nothing）を語っていること[9]になる。

[3]〈あらぬもの〉を語る者は、〈何か〉でないものを語る者であるから、〈無〉を語っているのである。だが、そのような者は〈無〉を語っていると認めるべきではなく、語ってさえいないと言うべきである。[10]

この議論の要点をまとめれば次のようになる。〈あらぬもの〉とは〈無〉であるから、「〈あらぬもの〉を語ること」は「〈無〉を語ること」であり、それは「何も語らないこと」である。そこで、虚偽を語ることは何も語らないことであるから、「何かを語り、その語られたことが虚偽である」というようなことはありえない、ということになるのである。

だが、この議論は、〈あらぬもの（存在しないもの）〉を〈無〉と同一視している点に問題があるように思われる。例えば、龍や天狗や、あるいはシャーロック・ホームズはどこにも存在しないから、〈あらぬもの（存在しないもの）〉である。しかし、これらを「無」と言えるだろうか。言い換えれば、龍や天狗やシャーロック・ホームズについて語る者は「無について語っている」と言えるだろうか。もっとも、先の議論は、「〈あらぬもの〉について語る」場合ではなく「〈あらぬもの〉を語る」場合を問題にしているのであるから、「語られたもの」が〈あらぬもの〉であるような場合を考えるべきであろう。だが、「語られたもの」とは何か。

例えば、テアイテートスが坐っている時に、ある人が「テアイテートスは坐っている」と言ったとしよう。この場合、「テアイテートスは坐っている」という言明を「語られたもの」と言うこともできるが、〈テアイテートスは坐っている〉という事態が「語られたもの」であるとも言えるだろう。そこで、別の人が「テアイテートスは飛んでいる」と言ったとすれば、この場合にも、「テアイテートスは飛んでいる」という言明も、〈テアイテートスは飛んでいる〉という事態も「語られたもの」だということになるだろう。そうすると、「テアイテートスは坐っている」という言明が真であり、「テアイテートスは飛んでいる」という言明が偽であるのは、〈テアイテートスは坐っている〉という事態は〈あるもの（存在するもの）〉であるが、〈テアイテートスは飛んでいる〉という事態は〈あらぬもの（存在しないもの）〉だからである、と言うことができる。他方、〈あらぬもの（存在しないもの）〉を語る言明が「語ってさえいない」と言われるのは、例えば「テアイテートスは内角の和が二直角である」という言明のように、「語られた」事態がまったく理解できないような、無意味なことを語った場合、言い換えれば、「語られた」言明に意味がない（存在しない）場合である。他方、「テアイテートスは坐っている」という言明だけでなく、「テアイテートスは飛んでいる」という言明にも意味はある。それにも拘らず、後者が偽であるのは、「語られた」事態が存在しないからである。それゆえ、この言明は、意味はあるが、その意味に対応する対象は存在しない、というふうに言うことができる。そこで、言明の意味（sense）と言明の対象（reference）を区別するならば、「〈あらぬもの〉を語ること」という「偽なる言明」の規定は、言明の対象が〈あらぬもの〉だということを意味することになる。そうすると、「〈あらぬもの〉を語ること」と同じこととされる「〈無〉を語ること」も、言明の対象が〈無〉だという意味でなければならない。他方、「何も語らないこと」と同じこととされる「〈無〉を語ること」は、言明の意味が〈無〉だという意味でなければならない。というのも、「何も語っていない」と言われるのは意味の無い言明をした場合だからである。以上のように考えると、先の議論は、言明の「意味」と「対象」を混同している点に問題があるように思われる。

だが、プラトンの問題解決法はこれとは異なる。彼は、「ゲノスのコイノーニアー」という考え方を導入して、まず「あらぬもの」という名が〈あるもの〉にも適用されうるということを示し、次に「〈あらぬもの〉を語る」とはどういうことであるかを説明する。こうして、虚偽の言明が可能であるということが示されるのである。ちなみに、「ゲノス」という語はイデアを意味し、「コイノーニアー」は「分有」を意味するので、「ゲノスのコイノーニアー」とは「イデア相互の分有関係」という意味である。

二　最大のゲノス

エレアの人は、「最大のゲノス」として、《あるもの》、《静止》、《運動》、《同じもの》、《異なるもの》という五つのイデアを選び、これらのコイノーニアー（分有関係）を解明することによって「あらぬもの」の意味を明らかにするのであるが、それに先立って、これらが別個のゲノスであることを証明する。なお、以下の議論では、これら五つのゲノスの名がイデアそのものを指す場合と、それを分有しているもの（イデアの名が適用されるもの）を指す場合とを截然と区別することが肝要であるので、両者を区別するために、イデアを指す場合には《　》を付し、イデアの名が適用されるものを指す場合には〔　〕を付すことにする。

まず第一に、《あるもの》が《静止》とも《運動》とも別個のゲノスであるということが、以下のような議論によって証明される（254d-e）。

《静止》と《運動》は〔あるもの〕であるから、両者は《あるもの》を分有している。したがって、これらは三つのものであり、それぞれのものは、他の二つのものとは異なるものであり、自己自身とは同じものである。

《静止》と《運動》は〔あるもの〕であるということが、両者が《あるもの》を分有していることの理由として述べられている点は重要である。このことは、《静止》と《運動》が《あるもの》を分有しているということは、直接的（直観的）に認識されたことではなく、《静止》と《運動》が存在するという認識から導出された（より正確に言えば、仮説された）ことである、ということを意味する。プラトンとても、イデアを直接的（直観的）に認識し、知っていたわけではないのである。

次に、《同じもの》と《異なるもの》は《運動》とも《静止》とも別個のものであるということが、以下のように証明される（255a-b）。

我々が《運動》と《静止》に共通にその名を適用するところのものは、どちらとも同一のものではありえない。というのも、《運動》が例えば《同じもの》と同一のものであるとすれば、《静止》には——《静止》にも《同じもの》が帰属するのであるから――《運動》が帰属し、《静止》が運動していることになるからである。したがって、《運動》も《静止》も、《同じもの》と同一のものでも、また《異なるもの》と同一のものでもない。

この議論は、「《運動》と《静止》は異なるものであり、それぞれは自己自身と同じものである」という文を我々は真なる文として理解することができるという事実――言わば、「言語的事実」――を手懸りにしている。このことからも、プラトンはイデアが直接的（直観的）に認識されるというふうに考えているわけではないということがわかる。

《同じもの》が《あるもの》とは別個のものであるということは、次のような議論によって証明される（255b-c）。

「あるもの」と「同じもの」が同じ意味だとすれば、《運動》と《静止》について「両者は〔あるもの〕である」と「両者は〔同じもの〕である」は同じ意味だということになる。しかるに、両者は〔あるもの〕であるが、〔同じもの〕ではない。

それゆえ、《あるもの》と《同じもの》は同一のものではありえない。

ここでも、「両者は〔あるもの〕である」と「両者は〔同じもの〕である」は意味が異なるという「言語的事実」に訴えて、《同じもの》と《あるもの》は別個のものであるということが証明されているのである。

最後に、《異なるもの》も《あるもの》とは別個のものであるということが、以下のような議論によって証明される（255c-e）。

> 〔あるもの〕には、それ自体において「あるもの」と言われるものと、他者との関係において「あるもの」と言われるものとがある。[*11] 他方、〔異なるもの〕は、いつでも、他者との関係において「異なるもの」と言われる。[*12] しかるに、《あるもの》と《異なるもの》が同じものだとすれば、そのようなことはありえない。それゆえ、《異なるもの》は第五のイデアと言うべきである。

繰り返すまでもないと思うが、この証明も「言語的事実」に基づいて行なわれている。

以上の議論によって、先に挙げられた五つのゲノスは別個のものであるということが証明された。そこで、次には、それらのゲノスの関係を考察することによって「あらぬもの」の意味が解明される。

最後に引用した議論において、「あるもの」に関して、それ自体において「あるもの」と言われるもの（すなわち、端的に「ある」と言われるもの）と他者との関係において「あるもの」と言われるもの（すなわち、「～である」と言われるもの）が区別されたが、「あらぬもの」に関しても、これに対応する区別が考えられる。すなわち、端的に「あらぬ」と言われるものと「～であらぬ」と言われるものの区別である。以下の議論においては、まず最初に「～であらぬもの」の意味が解明され、その後で端的に「あらぬもの」の意味が解明される。

三　「～であらぬもの」について

「～であらぬもの」に関しては、この意味での「あらぬもの」という名の適用対象としての〔あらぬもの〕がある（存在する）ということが証明される。そのために、まず次のようなことが述べられる。

①《運動》は、《静止》とは〔異なるもの〕であるから、《静止》ではあらぬ。

これは次のような意味である。「《運動》は《静止》ではあらぬ」という言明は「《運動》は《静止》とは〔異なるもの〕である」という意味である。だが、なぜわざわざこのような自明なことを言う必要があるのだろうか。プラトンは、言語の「写像理論」(Picture Theory)を前提しており、言明はイデアのコイノーニアーを写したものであると考えている。だが、「《運動》は《静止》ではあらぬ」という言明は、《運動》と《静止》と《あらぬもの》のコイノーニアーを写したものとは言えない。というのも、《あらぬもの》というイデアがあるとは認められていないからである。[*13] そこで、プラトンは先の言明を、《運動》と《静止》と《異なるもの》のコイノーニアーを写した言明「《運動》は《静止》とは〔異なるもの〕である」の言い換えに過ぎない、と説明しているのである。これを我々のことばで言い換えるならば、「《運動》は《静止》ではあらぬ」という文における「(〜では)あらぬ」は「同一性」の否定を意味する、ということである。

①と同様のことが、《運動》と他のイデアとの関係についても述べられる。

②《運動》は、《同じもの》とは〔異なるもの〕であるから、《同じもの》ではあらぬ。

③《運動》は、《異なるもの》とは〔異なるもの〕であるから、《異なるもの》ではあらぬ。

④《運動》は、《あるもの》とは〔異なるもの〕であるから、《あるもの》ではあらぬ。

（以上、255e-256d）

そして、これら①－④で述べられたことから、次のような結論が下される（256d-257a）。

したがって、《運動》に関しても他のすべてのイデアに関しても、〔あらぬもの〕があることになる。というのも、すべてのイデアに関して、《異なるもの》が、それぞれのイデアを他の個々のイデアとは〈異なるもの〉にすることによって、それぞれのイデアであらぬものにするからである。

以上の議論によって、「〜であらぬもの」という意味での「あらぬもの」という名の適用対象としての〈あらぬもの〉が存在するということが示された。

四　端的な「あらぬもの」について

端的に「あらぬもの」に関しては、この意味での「あらぬもの」は、「あるもの」と反対のものではなく、「あるもの」と異なるものを意味すると解釈することによって、「あらぬもの」のイデア（《あらぬもの》）が存在するということが示される。

まず最初に、否定辞の意味が以下のように規定される（257b-c）。

我々が「あらぬもの」と言う時、それは「あるもの」の「反対のもの」という意味ではなく、「あるもの」とは「異なるもの」という意味にすぎない。例えば、何かが「大きくない」と言う場合には、それは必ずしも「小さい」という意味ではなく、「等しい」場合も含んでいる。つまり、否定は「反対」を意味するのではなく、否定辞は、それによって否定される名とは「異なるもの」であるということを、より正確に言えば、その名の指す対象とは「異なるもの」であるということを意味するのである。

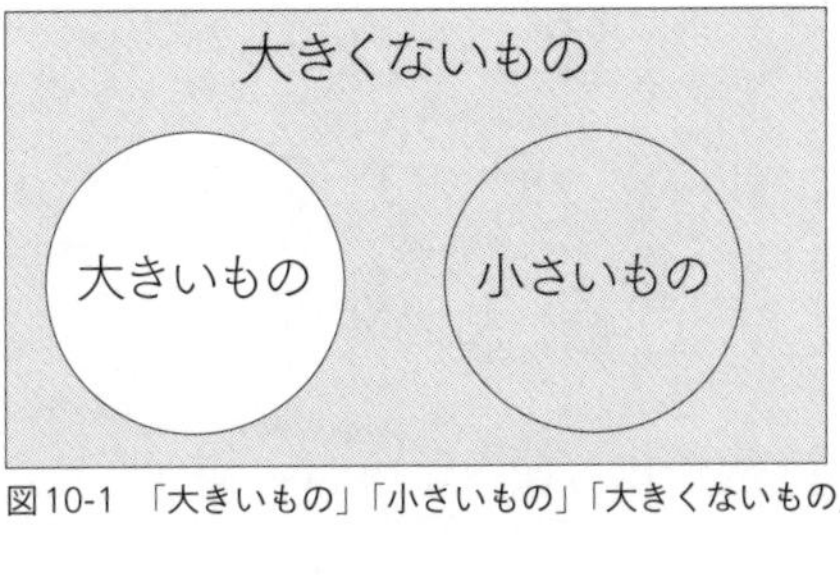

図10-1　「大きいもの」「小さいもの」「大きくないもの」

これは、要するに、「大きいもの」の反対のものは「小さいもの」であるが、「大きくないもの」とは大きいもの以外のすべてのもの――「集合論的」に言えば、大きいものの集合の補集合（図10-1の　部分）――である、ということである。

この規定に基づいて、《あらぬもの》が《異なるもの》の部分であるということが、以下のように説明される。

まず最初に、「《異なるもの》は、エピステーメー（学）と同じように、細分されている」と言われ、「エピステーメー（学）が細分されている」ということの意味が、次のように説明される（257c-d）。

エピステーメー（学）は一つのものであるが、何か［特定のもの］に関わる部分が切り取られると、その部分はそれに因んだ名を持つ。それゆえ、多くのエピステーメー（学）の名があるのである。

これは、例えば、数を対象とするエピステーメー（学）は「数学」という名を持ち、天文を対象とするエピステーメー（学）は「天文学」という名を持ち、音階を対象とするエピステーメー（学）は「音階学」という名を持つ、ということであろう。要するに、エピステーメー（学）が、対象領域の違いによってさまざまなエピステーメー（学）に分けられるということである。

次に、エピステーメー（学）の「細分」とパラレルに、《異なるもの》の「細分」が説明される（257d-258a）。

《異なるもの》も一つのものであるが、《異なるもの》の部分として、例えば《美しいもの》に対置される部分があり、それは「美しくないもの」という、《美しいもの》に因んだ名を持ち、《美しいもの》と異なるものである。この場合、〔あるもの〕のうちの《異なるもの》から部分が切り取られ、〔あるもの〕のうちの《美しいもの》に対置された結果として、《美しくないもの》が成立したのであるから、《美しくないもの》は《美しいもの》に劣らず〔あるもの〕である。要するに、《異なるもの》は〔あるもの〕であるから、その部分も同様に〔あるもの〕なのである。

《美しくないもの》は《異なるもの》の「部分」と言われているが、文字通りの意味での「部分」ではない。というのも、イデアは単一・単純なものであり、そもそも部分を持たないのだから。そこで、先の説明は、次のように理解すべきである：《美しくないもの》が《異なるもの》の「部分」と言われるのは、個別的な〔美しくないもの〕の集合が個別的な〔異なるもの〕の集合の部分集合だからである。そうすると、〔異なるもの〕と〔美しくないもの〕の関係は集合としての「類」と「種」の関係であり、《異なるもの》と《美しくないもの》の関係は普遍としての「類」と「種」の関係である、というふうに理解すればよいだろう。他方、《美しくないもの》を《美しいもの》との関係において「集合論的」に解釈するならば、次のようになる。〔美しいもの〕と反対のものは〔醜いもの〕であるが、〔美しいもの〕と異なるものである〔美しくないもの〕とは〔美しいもの〕以外のすべてのもの——つまり、〔美しいもの〕の集合の補集合（図10-2の　部分）——であり、それぞれの集合に対応するイデアが存在する。

さて、最後に、《美しくないもの》があるということを示す先の議論とパラレルな議論によって、《あらぬもの》があるということが示される（258a-c）。

《異なるもの》の部分と《あるもの》が互いに対置されると、対置されたものは、

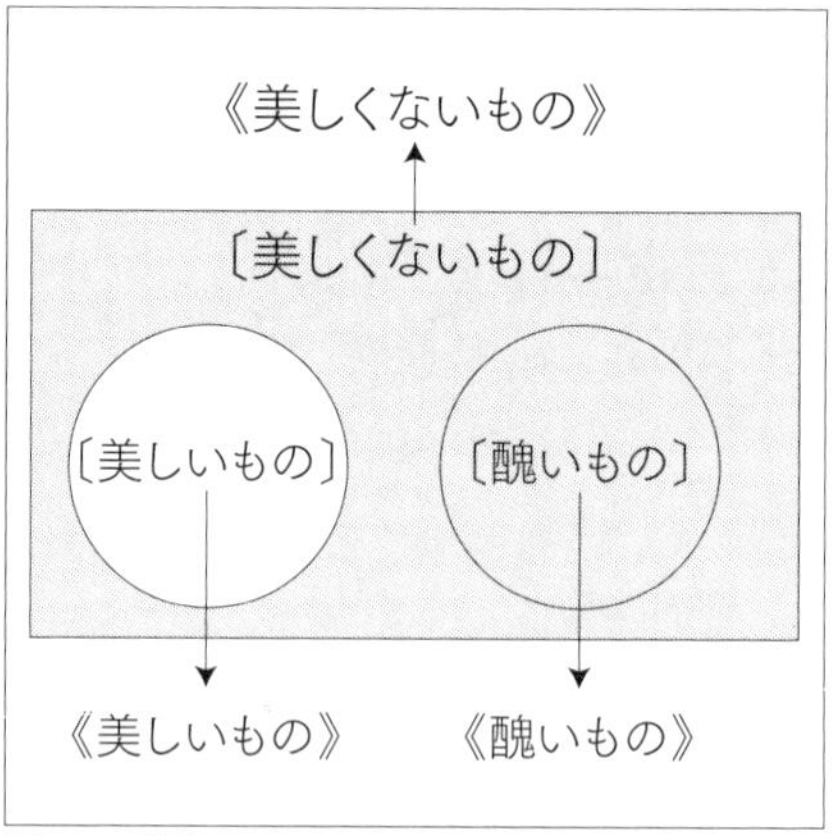

図10-2　「美しいもの」「醜いもの」「美しくないもの」

《あるもの》に劣らず〔あるもの〕であり、《あるもの》と反対のものではなく《あるもの》と異なるものを指し、「あらぬもの」と呼ばれる。それゆえ、《あらぬもの》は他の何ものにも劣らず〔あるもの〕である。

要するに、《あらぬもの》とは、《美しくないもの》と同様、《異なるもの》を（普遍としての）「類」とする（普遍としての）「種」である、ということである。

だが、先の説明には問題があるように思われる。確かに、《美しくないもの》は、《美しいもの》と反対のものではなく異なるものであるということは理解できる。それは、醜いものではないが美しいものでもないものが存在するので、《美しいもの》と反対のものと、《美しいもの》と異なるものを区別することができるからである。だが、《あらぬもの》についても同様に理解することができるだろうか。《美しくないもの》の場合とパラレルに理解するならば、「《あるもの》と反対のもの」があるはずである。そのようなものには特に名は与えられていないので、仮に「《ないもの》」と呼ぶことにしよう。そうすると、先の議論は、《あるもの》と反対のものである《ないもの》が〔あるもの〕であると主張することはできないという前提の下に、《ないもの》

から区別された《あらぬもの》ならば〔あるもの〕であると主張しうる、と論じていることになる（これは、《美しくないもの》は〔美しいもの〕であると主張するようなものではないだろうか）。これを、先の《美しくないもの》の場合と同様に「集合論的」に解釈するならば、〔ないもの〕の集合は空集合であるが（したがって、《ないもの》も存在しないことになる）、〔あらぬもの〕の集合（図10‐3の　部分）は空集合ではない、ということである。

そうすると、《あらぬもの》の場合は、《美しくないもの》の場合と二つの点で異なっていることになる。第一に、〔醜いもの〕は「美しくないもの」と言えるが、〔ないもの〕は「あらぬもの」とは言えない。言い換えれば、〔美しくないもの〕の集合は〔醜いもの〕の集合を含むが、〔あらぬもの〕の集合は〔ないもの〕の集合を含まない。[*14] 第二に、〔美しいもの〕でも〔醜いもの〕でもないものは存在するが、〔ある

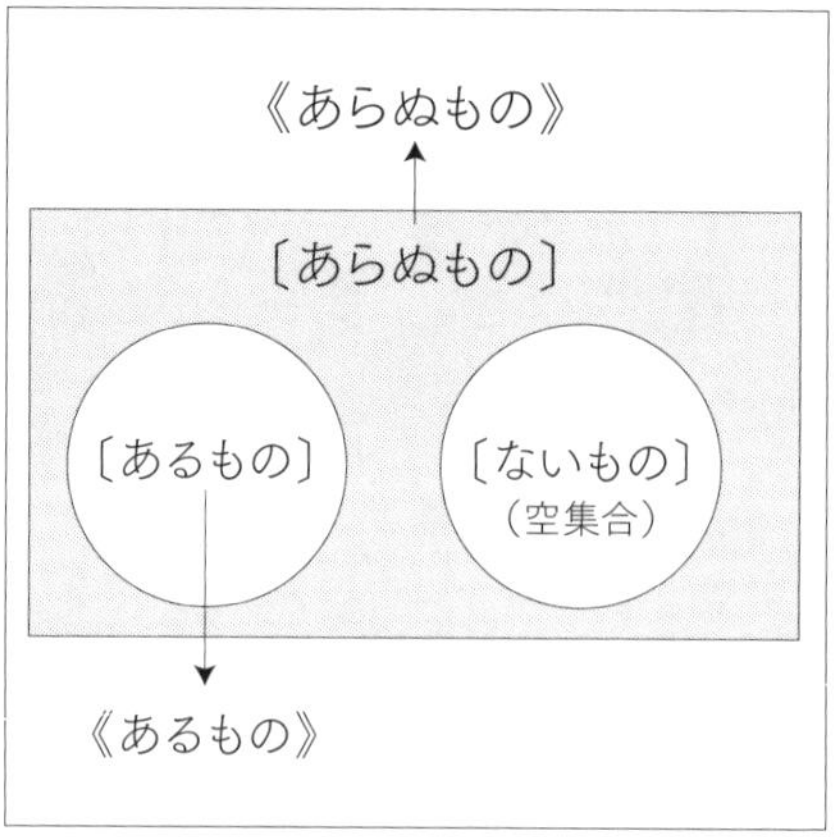

図10-3 「あるもの」「ないもの」「あらぬもの」

もの〕でも〔ないもの〕でもないものが存在するかどうかは疑問である。少なくとも、「ある」を「存在する」という意味に解する限り、〔あるもの〕の反対のもの（つまり、〔ないもの〕）とは〔存在しないもの〕であるから（なぜなら、〔ないもの〕の集合は〔存在しないもの〕の集合であるがゆえに空集合なのであるから）、〔あるもの〕（〔存在するもの〕）でも〔ないもの〕（〔存在しないもの〕）でもないようなものは存在しえず、したがって〔あらぬもの〕も存在しえないことになる。言い換えれば、〔あらぬもの〕の集合（図10-3の▒部分）もまた空集合だということである。そうだとすれば、「《あるもの》と反対のものではないが、《あるもの》と異なるもの」というようなものがあるとは言えなくなり、先の議論の妥当性が疑わしくなる。だが、プラトンは、先の議論を飽くまで妥当な議論として提示していると思われる。それでは、「ある」をどのような意味に解すれば、「《あるもの》と反対のものではないが、《あるもの》と異なるもの」というようなものがありうるのだろうか。少なくとも、「真である」という意味に解すべきではない。なぜなら、「真である」には「偽である」という反対のものがあるからである。*15だが、「ある」の意味の問題は、偽なる言明の最終的な説明と密接な関係にあるので、次節で改めて論じることにしよう。

五　偽なる言明についての説明

先の議論によって、〔あらぬもの〕と《あらぬもの》があるということが示されたとしよう。これに基づいて、プラトンは、「テアイテートスは坐っている」という真なる言明と「テアイテートスは飛んでいる」という偽なる言明について、以下のように説明する（262e-263b）。

真なる言明は、テアイテートスについて、〔あるもの〕をある通りに言明している。他方、偽なる言明は、〔あるもの〕とは異なるものとしての〔あらぬもの〕をあるかの如くに言明している。すなわち、偽なる言明は、テアイテートスについて、〔あるもの〕とは異なるものとして〔あるもの〕を言明しているのである。というのも、個々のものに関しては、多くのものが〔あるもの〕であり、また多くのものが〔あるもの〕ではないからである。

要するに、真なる言明は〔あるもの〕を言明し、偽なる言明は〔あらぬもの〕を言明するということであるから、この場合の〈あるもの〉と〈あらぬもの〉は、言明されるものを指す。ただし、これを言明の内容（すなわち文、あるいはその意味〔sense〕）と理解するのは適切ではない。なぜなら、そのように理解すると、「ある」と「あらぬ」はそれぞれ「真である」と「偽である」という意味になるであろうが、前節末で述べたように、このような解釈は妥当ではないからである。それでは、言明されるものとしての〈あるもの〉と〈あらぬもの〉は何を指すのか。言明されるものとしては、言明内容（意味）の他に、言明の対象（reference）としての事態が考えられる。というのも、例えば「テアイテートスは坐っている」という言明は〈テアイテートスが坐っている〉という事態を言明したものである、というふうに言うこともできるからである。このように考えると、〈あるもの〉は「現実に存在している事態」を意味し、〈あらぬもの〉は「現実には存在していない事態」を意味する、と理解することができる。それでは、「〈あるもの〉とは異なるものとして〈あるもの〉」は、どのような意味で〈あるもの〉なのだろうか。それは、先の例で言えば、〈テアイテートスは飛んでいる〉という事態である。このような事態は、現実に存在してはいないが、極めて広い意味で――パルメニデス的に言えば、「思惟し、語ることができるものは、存在する」という意味で――「存在している」と言うことができるので、そのような意味で「あるもの」と呼ぶこともできる。このような解釈が正しいとすれば、「〈あるもの〉」とは異なるものとして〈あるもの〉」だけは「現実に」という限定抜きの「存在している事態」を意味することになる。

それでは、《あるもの》と反対のものとしての《ないもの》と、《あるもの》と異なるものとしての《あらぬもの》の違いは、どのように理解すればよいのだろうか。〈あるもの〉は「現実に存在している事態」であるから、それとは異なるものとしての〈あらぬもの〉とは「ある意味では存在しているが、現実には存在していない事態」、言い換えれば「非現実的に存在している事態」であり、したがって、《あるもの》は「現実的存在」を意味し、《あるもの》と異なるものとしての《あらぬもの》は「非現実的存在」を意味すると理解することができる。それでは、《あるもの》と反対のものとしての《ないもの》は何を意味すると理解すればよいのだろうか。「現実的非存在」であろうか。そうだとすれば、〈あるもの〉と反対のものとしての〈ないもの〉は「現実的に存在していない事態」だということになり、〈あるもの〉と異なるものとしての〈あらぬもの〉（つまり、「非現実的に存在している事態」）も含むことになる。だが、プラトンの説明に従えば、〈あるもの〉と反対のものとしての〈ないもの〉とは「いかなる意味でも存在しないもの」という意味であり、〈ないもの〉の集合は、既に述べたように、空集合でなければならない。それゆえ、《あるもの》と反対のものとしての《ないもの》は端的な「非存在」を意味すると理解すべきであろう。そうすると、しかし、「《あるもの》と反対のもの」という言い方における《あるもの》は端的な「存在」であることになり、他方、「《あるもの》と異なるもの」という言い方における《あるもの》は「現実的存在」であったから、両者は意味が異なることになる。プラトンは、この微妙な違いまで考慮に入れてはいなかったのだろうか。もしそうだとすれば、彼は、端的な「存在」と「現実的存在」を明確に区別していなかったことになるだろう。だが、プラトンの説明の真の問題点はもっと別のところにある。

　プラトンは次のように考えたのだろう。「テアイテートスは飛んでいる」という言明は、〈テアイテートスは飛んでいる〉という事態が存在しないがゆえに偽であるが、この事態はある意味では存在しなければならない。なぜなら、存在しないものは思惟することも言明することもできないからである。そこで、彼は「あらぬ」の二義を区別する必要があると考え、「反対」と「異なる」という概念によって区別したのであろう。だが、言明の内容（意味）と対象を区別すれば、「あらぬ」の二義を区別する必要などない。というのも、「存在しないものは思惟することも言明することもできない」のは「内容（意味）がない思惟や言明は思惟もしくは言明ではない」からであるが、偽なる言明（例えば「テアイテートスは飛んでいる」）とは、内容（意味）がない言明ではなく、内容（意味）はあるが対象（テアイテートスは飛んでいるという事態）が存在しないような言明である、というふうに説明すればよいからである。もっとも、真なる言明の場合は、言明が対象（存在している事態）を写していると考えるのが自然だと感じられるので、言明の対象がそのまま言明の内容（意味）でもあるように思われるかも知れない。しかしながら、偽なる言明の場合は両者を区別する必要がある。そうだとすれば、真なる言明に関しても同じ区別を認めるべきであろう。おそらく、プラトンは、言明（および思惟）の内容（意味）と対象を明確に区別することができなかったために〔第七章註10参照〕、先のように論じざるをえなかったのであろう。しかし、そうだからと言って、先の議論は何の価値もないものだとは言えない。少なくとも先の議論で具体的に示された「ゲノスのコイノーニアー」という考え方に基づく探究方法は、普遍的で抽象的な概念を理解するための（一つの）方法として有効な方法であろう。

註

1 例えば、『エウテュデーモス』、『クラテュロス』、『テアイテートス』において論じている。

2 ***mē on***：「否定辞＋be動詞の分詞の中性単数形」であるが、英語に訳すならば'what is not'である。なお、古代ギリシャ人は（プラトンやアリストテレスも含めて）「もの」と「こと」を截然と区別しなかったようであるので、*mē on*は「あらぬもの」とも「あらぬこと」とも訳しうるが、以下では、プラトンに合わせて両義を区別せず、「あらぬもの」という表現に統一することにするが、文脈によっては「あらぬこと」を意味すると了解していただきたい。

3 ちなみに、日本語でも、「ありもしないことを言う」という表現は「嘘をつく」すなわち「虚偽を語る」ということを意味する。

4 ***on***：この議論においては「存在するもの／こと」を意味する。したがって、「あらぬもの」（*mē on*）は「存在しないもの／こと」を意味する。

5 〈あるもの（存在するもの／こと）〉を「あらぬもの（存在しないもの／もの）」と言うべきではない、ということ。

6 ***ti legein***：「有意味なことを言う（語る）」という意味もある。

7 「何か」を意味するギリシャ語*ti*が単数形だから、「一つのもの」という規定が付け加えられたのである。

8 〈何か〉でないものは、「何か一つのもの」ではないから、〈無〉（言い換えれば、零）である。

9 *ouden legein*：「無意味なことを言う（語る）」という意味もある。

10 *ouden legein* には、「何も語らない」という（英語の'to say nothing'に当る）意味もある。

11 他者との関係において「あるもの」と言われるものとは、「〜である」と言われるもののことである。他方、それ自体において「あるもの」と言われるものとは、端的に「ある（存在する）」と言われるもののことである。

12 「異なる」と言われるものは必ず「〜と異なる」と言われる、ということ。

13 後の議論では《あらぬもの》の存在が示されるが、それは《異なるもの》で置き換えられるようなものではない。

14 「ないもの」の集合は空集合であるから、集合論的には、「あらぬもの」の集合に含まれるとも言えるが、ここでは、「あらぬもの」の集合は「ないもの」の集合を含まないと理解するのが妥当だろう。

15 ちなみに、プラトンは《あるもの》と異なるものとしての《あらぬもの》が《偽であるもの》だと論じようとしているのである。

第Ⅲ部

アリストテレス

◉第十一章

アリストテレスにとっての「哲学」　『形而上学』

一　『形而上学』第一巻における「哲学」の規定

アリストテレスは、『形而上学』第一巻第一－二章で、「知恵」(*sophia*) とは何であるかを規定している。それは「知恵の愛求」(*philosophia*) すなわち「哲学」の規定でもある。

(1) 知恵ある者という観点からの考察 (第一巻第一章)

「すべての人間は本性的に知を求める」(980a21) ——これは『形而上学』の冒頭を飾る有名な言葉である。それに続いて、アリストテレスは、その証拠として感覚への愛着を挙げ、「感覚は、実用を離れても、それ自身のゆえに愛される」(980a22-23) と言っている。つまり、感覚は生きるための手段として用いられるだけでなく、感覚すること自体が目的となることがある、ということである。さらに、アリストテレスは、我々は、行為するためだけでなく、何もしようとしていない時でも、視覚を最も愛するという事実を挙げ、その理由を、「視覚が最もよく知らしめ、多くの差異を明らかにするからである」（980a26-27）と述べている。

それに続いて、アリストテレスは、最も優れた知はどのような知であるかを論じるのであるが、そのために、まず、知を言わば「発展段階」にしたがって四段階に分ける（980a27-981a3）。第一段階の知は感覚による知で、これはすべての動物が持ちうるものである。第二段階の知は感覚による知の記憶で、これはある種の動物と人間のみが持ちうるものである。第三段階の知は記憶による知の集積に基づいて得られる経験知で、これはほんの僅かの動物と人間のみが持ちうるものである。第四段階の知は技術知（*technē*）もしくはエピステーメー（学的な知）で、これは人間のみが持ちうるものである。

そうすると、技術知・エピステーメーが最も優れた知であるということになるはずである。しかしながら、アリストテレスは、実践においては経験知を持っている者の方が技術知・エピステーメーを持っている者に勝ることが多々あるという事実に着目し、その理由を以下のように説明する（981a5-24）。

経験知は個別的な事例についての知［の集積］であるのに対して、技術知・エピステーメーは普遍的な内容の知である。例えば、カリアースがしかじかの症状に陥った時にはこれ［薬あるいは治療］が効いたし、ソクラテスにも他の多くの人にも効いた、という知識は経験知であり、それに対して、病気と患者の体質（例えば、粘液質、胆汁質など）を分類し、どの体質の人がどの病気に罹った時には何が効くかを知っているのが技術知・エピステーメーである。しかるに、実践は個別的なものに関わる。したがって、実践においては、技術知・エピステーメーを持っていて普遍的なことは知っているが、個別的なことについての経験知を持っていない者は失敗することがある。それゆえ、経験知を持っている者が、技術知・エピステーメーを持っている者に勝ることがあるのである。

しかしながら、技術知・エピステーメーを持っている人は、実践においては、経験知を持っている人より劣るにも拘らず、前者の方が後者より「知恵がある」（*sophos*）

と一般に認められている、とアリストテレスは言う。そして、その理由を次のように説明している（981a24-b10）。

技術知・エピステーメーを持っている人の方が経験知を持っている人より「知恵がある」と言われるのは、前者は原因（*aitia*）を知っているが、後者はそれを知らないからである。例えば、大工の棟梁は大工より「知恵がある」と見做されるが[*1]、それは、大工は棟梁に命じられたことを、なぜそうすべきなのかということを理解することなしに遂行するのに対して、棟梁はその原因（目的因）[*2]を知っているからである。したがって、「知恵がある」のは、実践的であることによってではなく、原因を知っていることによってなのである。そのような知を持っているか否かは、教えることができるか否かによって見分けられる。実際、技術知・エピステーメーを持っている人は教えることができるが、経験知しか持たない人はそれができない。

さらに、アリストテレスは、有用性という観点を導入し、次のように論じている

(981b17-25)。

生活のために必要あるいは有用なものを発明・発見した者よりも、快適な生活あるいは娯楽のためのものを発明・発見した者の方が「知恵がある」と見做される。それは、知恵は有用性のためのものではないからである。したがって、生活の必要のためでも快適さのためでもないエピステーメーを持つ者ほど「知恵がある」と見做される。例えば、エジプトの神官階級の間で生まれた数学がそのようなエピステーメーである。というのも、彼らは、生活のために必要なものにも快適な生活のためのものにも事欠かない、スコレー[*3](scholē〔余暇〕)を持った人たちだからである[*4]。

以上の考察に基づいて、アリストテレスは、「知恵とは何らかのアルケー[*5](archē)あるいは原因についてのエピステーメーである」(982a)という結論を下す。だが、どのような原因についてのどのようなエピステーメーが知恵であるのかは、まだ明らかではない。

（2）知の対象という観点からの考察（第一巻第二章）

第一巻第一章では、「知恵がある者」という観点から「知恵」が規定された。第二章では、知の対象という観点から「知恵」が規定される。

アリストテレスによれば、「知恵がある者」あるいは「知恵」についての一般の人々の見解は以下の如くである（982a8-19）。

[1] 個別的なものに関して知っているのではなく、可能な限りすべてを知っている人が、知恵がある者である。[*6]

[2] 難しいこと、あるいは人間にとっては知るのが容易でないことを知ることができる人が、知恵がある者である。

[3] より厳密なエピステーメーを持っている人ほど、よりいっそう知恵がある者である。

[4] 原因をよりよく教えることができる人ほど、よりいっそう知恵がある者である。

[5] エピステーメーのうちで、それ自身のために、つまり知ること［自体］のため

に選ばれるべきものの方が、（それがもたらす）結果のために選ばれるべきものより、よりいっそう知恵である。

［6］より支配的なエピステーメーの方が、奉仕的なエピステーメーより、よりいっそう知恵である。

これらの一般的見解から、アリストテレスは以下のようなことを導き出す（982a21-b7）。

［1'］すべてを知っているのは普遍的なエピステーメーを持っている人である。

［2'］最も普遍的なものは、感覚から最も遠いものであるから、[*7] 人間にとって知るのが最も難しいものでもある。

［3'］最も厳密なエピステーメーは、第一のものについてのエピステーメーである。

［4'］よりよく教えられうるものは、原因についての理論的なエピステーメーである。というのも、原因を説明する人が教える者であるから。[*8]

［5'］知ること自体のために知るということが帰属するのは「最も優れて知られうる

もの」のエピステーメーであり（なぜなら、知ること自体のために知ることを求める者は、最も優れた意味でのエピステーメーを求めるが、それは「最も優れて知られうるもの」のエピステーメーであるから）、そのようなものは第一のものあるいは原因である。

［6］最も支配的なエピステーメーは、それぞれのことが何のためになされるべきかを、言い換えれば善［つまり、目的因］を知っているエピステーメーである。

だが、「第一のもの」とは何か。また、［5］において「最も優れて知られうるもの」は「第一のもの」あるいは「原因」であると言われているが、これはどういう意味か。これらの点については、説明が必要である。

「第一のもの」とは「論証において第一のもの」のことである。論証（*apodeixis*）とは、「すべてのCはAである」（AaC）という命題を結論とする推論（*syllogismos*）の前提「すべてのBはAである」（AaB）と「すべてのCはBである」（BaC）を探求する方法である［論証と推論については第十五章参照］。この推論における項Bをアリストテレスは「中項」と呼ぶが、Bが「すべてのCがAであること」（AaC）の原因である場合に、そしてその場合にのみ、アリストテレスはこの推論を「論証」と呼ぶ。したがって、アリストテレスは、原因の探求を「中項の探求」とも呼ぶ。これを「論証の前提の探求」と言い換えてもよいだろう。そうすると、その前提もまた論証されるべきであり、前提の探求は無限に遡られることになるのではないか。だが、アリストテレスは、それ以上遡れないような――つまり、それ自体は論証されえないような――前提あるいは中項がある、というふうに考える。[*9] そして、そのような前提あるいは中項を、彼は「第一のもの」と呼ぶのである。以上で、「第一のもの」が「原因」であるという点は理解されたことと思う。

「知られる」という点に関しては、アリストテレスは、「我々にとって（*hēmin*）よりよく知られるもの」と「自然本性において（*physei*）よりよく知られるもの」を区別し、我々の探求は前者から後者へと向かうというふうに考える。ここで言う「探求」とは、事実についてその原因を探求することである。そうすると、確かに、我々はまず事実を知った後にその原因を探求するのであるから、我々にとっては、事実の方がより先に（したがって、よりよく）知られるものである。だが、事実についても、その原因を知るまでは、真の意味で「知っている」とは言えない（というふうにアリストテレスは考えるのである）。したがって、真の意味で「知っている」という観点から見れば、原因を知って初めて事実についても真の意味で「知っている」と言えるのであるから、原因の知の方が事実の知よりもより先なるものである。このような意味で「自然本性においては原因の方がよりよく知られる」と言われるのである。それゆえ、「最も優れて知られうるもの」は論証の究極の前提すなわち「第一のもの」（原因）だということになるのである。

さて、先の〔1〕と〔2〕から「普遍的」という規定が導き出され（〔1'〕、〔2'〕）、〔3〕からは「第一のもの」という規定が（〔3'〕）、〔4〕からは「原因」「理論的」という規定が（〔4'〕）、〔5〕からは「第一のもの」「原因」という規定が（〔5'〕）、〔6〕からは「目的因」という規定が導き出された（〔6'〕）。そこで、アリストテレスは、「知恵とは第一の原因（アルケー）についての理論的なエピステーメーである」（982b9-10）という結論を下す。[*10] だが、アリストテレスはどのような意味での「原因」を考えているのであろうか。

（3）四原因説

第一巻の第三章以下で、アリストテレスは、原因について哲学史的に考察している。

まず第三章冒頭で、アリストテレスは次の四種類の原因を挙げる（983a26-32）。いわゆる「四原因説」である。

① 本質（*ousia, to ti ēn einai*）[*11][*12]〔あるいは、形相（*eidos*）〕

② 質料（*hylē*）あるいは基体（*hypokeimenon*）[*13]

③ 始動因

④ 目的因

これら四種類の原因を具体例に則して説明するならば、例えば家の質料は煉瓦や石であり、形相は家の形すなわち覆い（屋根と壁）、始動因は建築家、目的因は「雨風や暑さ寒さから護るため」ということになる。だが、人工物に関しては四種類の原因すべてを挙げることは比較的容易であるが、自然物に関しては必ずしも容易ではない。そもそも自然物に目的因があるかどうかは疑問である。[*14] また、人間の形相は何かという問に答えるのも容易ではない。少なくとも人間の形態ではないだろう。[*15] アリストテレスは魂が人間の形相だと言ったりもするが、このような考え方にも問題がある。というのも、動物の種の違い（例えば、犬と猫の違い）は形相の違いだと思われるが、それを魂の違いとして説明することができるとは思えないからである。[16]

さて、アリストテレスは、彼以前の哲学者たちが原因を探求したという前提の下に、彼らがどのような原因を探求したかを論ずる（第三－七章）。それによって、原因としては彼の四原因が必要にして十分なものであるということを確証することを目論んでいるのである。その概略は以下の如くである。

> 最初の哲学者たちは「万物がそれからなるところのもの、すなわち、万物がそれから生じる第一の［究極の］ものにして、それへと消滅する最後の［究極の］もの、その際にその本質は変化することなく属性が変化するところのもの、すなわち万物の元素」（983b8-11）を探求したのであり、彼らの探求したものは質料因である。
> そのようなものを、例えばタレースは水だと言い、アナクシメネースは空気だと言い、ヘラクレイトスは火だと言い、エンペドクレスは土・水・火・空気の四元素だと言った。
> アナクサゴラスは自然を秩序づける原因としてヌース（宇宙理性）を導入したが、

これは目的因でも始動因でもある。ヘシオドスやパルメニデスの愛も同様である。エンペドクレスは、善のみならず悪の原因も必要だと考えて、愛と憎を原因とした。これらは始動因である。

ピュタゴラス派は数あるいはその要素を万物の原因だと考えたが、それを一方ではものに内在する原因すなわち質料因と考え、他方では形相因と考えたようでもある。プラトンはイデアを原因と考えたが、これは形相因に当たる。

以上の如く哲学史を検討した結果、アリストテレスは、四原因は必要にして十分なものであるという結論を下す。

二 『形而上学』第四巻における「哲学」の規定

（1）〈あるもの〉としての〈あるもの〉についての学（第四巻第一章）

『形而上学』第四巻第一章において、アリストテレスは哲学を「〈あるもの〉としての〈あるもの〉（*on hēi on*）に自体的（*kath' hauto*）に帰属するものを考察する学」（1003a21-22）と規定している。そして、哲学と他の学の違いを説明するために、「他の学（例えば数学的諸学）は、〈あるもの〉としての〈あるもの〉について普遍的に考察することはなく、〈あるもの〉の一部分を切り取って、それに付帯するもの（*symbebēkos*）を考察する」（1003a23-25）と述べている。さらに、「我々はアルケー（*archē*）あるいは究極の原因（*aitia*）を探求しているのであるから、それらは何らかの自然的事物（*physis*）に自体的なアルケーあるいは究極の原因でなければならない」（1003a26-28）と述べている。

この説明によれば、第一に、他の諸学が特定の種類の（つまり、特定の領域あるいは分野の）〈あるもの〉どもを対象にするのに対して、哲学は〈あるもの〉としての〈あるもの〉を「普遍的」に考察の対象とする。第二に、他の諸学は特定の種類の〈あるもの〉に付帯するものを考察するのに対して、哲学は自然的事物に自体的なアルケーあるいは究極の原因を考察する。

「付帯するもの」とは、「本質に属するものではないもの」のことである。例えば、「（内角の和が）二直角」は、三角形に帰属するが、（三角形の定義の中には含まれないので）三角形の本質に属するものではないから、三角形に「付帯するもの」である。そこで、「特定の種類の〈あるもの〉に付帯するものを考察する」というのは、例えば、幾何学が、三角形に「（内角の和が）二直角」が帰属するかどうかを問題にし、帰属するとわかればそのことを証明する、というようなことである。

他方、「自然的事物に自体的なアルケーあるいは究極の原因」とは、「自体的に帰属する」自体的に帰属するアルケーあるいは究極の原因」のことである。「自体的に帰属する」は「付帯的に帰属する」と対比されるが、「帰属することもしないことも可能なもの」が「付帯的に帰属する」と言われるので、「自体的に帰属する」のは「帰属しないことが可能でないもの」である。例えばソクラテスには、「哲学者である」とか、「色が白い」とか、「体重が何キロで身長が何センチである」とか、さまざまな属性が帰属している。だが、仮にソクラテスが哲学者でなくなったとしても、あるいは、彼が色黒になったり、体重や身長が変化したりしたとしても、ソクラテスはソクラテスであり続ける。それゆえ、これらの属性は——ソクラテスに「帰属することもしないことも可能なもの」であるから——「付帯的に帰属する」ものである。他方、彼が人間でなくなった（つまり、死んだ）とすれば、ソクラテスはソクラテスではなくなる。それゆえ、「人間」はソクラテスに——「帰属しないことが可能でないもの」であるから——「自体的に帰属する」ものである。そればかりではない。「人間」はソクラテスがソクラテスであることの原因でもある。だが、ソクラテスが人間であるのはなぜか、とさらに原因を問うこともできる。この問は、何かが人間であるための条件を問う問であり、結局は、「人間とは何か」を問う問である。そして、この問によって問われているものは、ソクラテスが人間であることの究極の原因あるいはアルケーであるから、これが「自然物に自体的なアルケーあるいは究極の原因」である。これが哲学の扱うべき問題なのである。そうだとすれば、探求されるのは、結局、本質（ousia）だということになるだろう。実際、本質は「自然的事物の自体的なアルケーあるいは究極の原因」という規定に相応しいものだと思われる。

（2）哲学の考察対象について（第四巻第二章）

先述の哲学の規定によれば、ありとあらゆる〈あるもの〉が哲学の考察対象だということになるが、これはどういう意味か。このことは、第四巻第二章で以下のように説明されている（1003a33-b10）。

「あるもの」は多義的であるが、[*17]「同名異義的」[*18]（*homōnymōs*）に「あるもの」と言われるわけではなく、「一なるものとの関係において」（*pros hen*）「あるもの」と言われるのである。

それは、例えば〈健康的なもの〉が健康との関係において「健康的なもの」と言われるのと同様である。すなわち、或るもの〔例えば散歩〕は健康を維持するがゆえに、或るもの〔例えば食餌療法〕は健康を作り出すがゆえに、或るもの〔例えば顔色〕は健康の徴であるがゆえに、或るもの〔例えば身体〕は健康を受容する機能を持つものであるがゆえに、それぞれ「健康的なもの」と言われる。[*19] あるいは、〈医学的なもの〉は医術との関係によって「医学的なもの」と言われる。すなわち、或るもの〔例えば医者〕は医術を持っているがゆえに、或るもの〔例えば医学生〕は医術に対する素質があるがゆえに、或るもの〔例えば手術〕は医術の仕事であるがゆえに、それぞれ「医学的なもの」と言われるのである。

それと同様に、〈あるもの〉も多義的に「あるもの」と言われるが、すべてが一つのアルケー〔実体〕との関係において「あるもの」と言われるのである。すなわち、或るものは（a）実体（*ousia*）[*20] であるがゆえに、或るものは（b）実体の属性であるがゆえに、或るものは（c）実体への道[*21] であるがゆえに、あるいは、（d）実体もしくは実体との関係において「あるもの」と言われるものの、（d1）消滅あるいは（d2）欠如、あるいは（d3）質、あるいは（d4）〔それを〕作るもの、あるいは（d5）〔それを〕生み出すものであるがゆえに、あるいはまた、（e）これらのものもしくは実体の否定であるがゆえに、それぞれ「あるもの」と言われるのである。

さまざまな〈あるもの〉としてアリストテレスが具体的にはどのようなものを考えているのかは判然としないが、言わんとするところは、要するに、実体以外の〈あるもの〉は、実体との関係を――直接的にせよ間接的にせよ――含んでいるということである。したがって、実体は第一義的に「あるもの」と言われ、それ以外のものは派生的に「あるもの」と言われる、ということになる。

実体以外の〈あるもの〉に関してはさまざまな場合が列挙されているが、その列挙の仕方は体系的（systematic）ではなく、思いつくままという印象を与える。他方、第七巻第一章においては、実体以外のものとしては、実体以外のカテゴリーが挙げられている。カテゴリー自体も十個のカテゴリーが体系的に選び出されたとは言い難いが、少なくとも実体とそれ以外のカテゴリーの区別に関しては、アリストテレスは、『カテゴリー論』第二章において理論的に説明している。それによれば、実体以外のカテゴリーに属するもの（以下、「属性」）は「基体のうちにある」（*en hypokeimenōi estin*）のに対して、実体は「いかなる基体のうちにもない」というふうに区別される。つまり、「基体のうちにある」か否かによって、属性と実体が区別されているのである。ちなみに、同じ条りで、「基体について言われる」（*kath' hypokeimenou legetai*）か否かという基準によって、普遍的なものと個別的なものが区別され、二つの基準の組み合わせによって、個別的な実体（第一実体）、普遍的な実体（第二実体）、個別的な属性、普遍的な属性の四種類のものが区別されている。――ただし、第一実体と第二実体の区別は『形而上学』には見られない。

さて、アリストテレスはあらゆる種類の〈あるもの〉が哲学の対象であるということを、以下のように論じる（1003b11-19）。

> 〈健康的なもの〉すべてが一つの学［つまり、医学］の対象であるが、他の場合についても同様である。なぜなら、一なるものに即して（*kath' hen*）［つまり、一義的に］言われるものについて考察するのは一つの学であるが、そればかりでなく、一なる自然的事物との関係において（*pros mian physin*）言われるものの場合も同様だからで

ある。というのも、後者もある意味では一なるものに即して言われるからである。したがって、明らかに、〈あるもの〉すべてを〈あるもの〉として（*hēi on*）考察するのも一つの学である。しかしながら、あらゆる場合に、学は厳密には「第一のもの」――すなわち、他のものがそれに依存しており、それのゆえに例えば「健康的なもの」、「医学的なもの」、「あるもの」などと言われるところのもの――を対象とする。したがって、〈あるもの〉の場合にはそのようなものは実体（*ousia*）であるから、哲学者は諸実体のアルケーあるいは原因を把握しなければならない。

この論述においては、哲学は、まず、「〈あるもの〉すべてを〈あるもの〉として考察する」学と規定されているが、最終的には、「諸実体のアルケーあるいは原因」の探究と規定されている。実際、『形而上学』の最も重要な部分をなす第七‐九巻[22]においては、まさに「諸実体のアルケーあるいは原因」としてのウーシアー（本質）の探究が行なわれている。だが、そうだとすれば、そもそも、「〈あるもの〉すべてを〈あるもの〉として考察する」と規定する必要などなかったのではないだろうか。

「〈あるもの〉すべてを考察する」という点に関しては、先の引用箇所では、実体は哲学の厳密な意味での対象だと言われているのであり、それによって他のものが哲学の対象であることが否定されたわけではない。要するに、哲学の言わば「第一次的」な対象は実体であり、実体以外のカテゴリーに属するものは「二次的」な対象だということである。

ところで、第四巻第一章でも「哲学はすべての〈あるもの〉を考察する」という趣旨のことが述べられていた。しかし、それは、先の引用箇所では「実体以外のものも考察する」という意味であるのに対して、第一章では――他の学が特定の領域の〈あるもの〉を対象とするということと対比されていたのであるから――「あらゆる領域の〈あるもの〉を考察する」という意味であろう。このことと、厳密な意味での哲学の対象は実体であるという結論を併せて考えれば、厳密な意味での哲学は「あらゆる領域の実体を考察の対象とする」ということになるだろう。他方、「〈あるもの〉として考察する」ということは――これは厳密な意味での哲学にも当てはまることだと思われるが――考察に当たっては例えば人間のような具体的なものが対象となるが、それを「人間として」考察するのではなく「〈あるもの〉として」考察するということであろう。そうだとすれば、それは、具体的な実体を考察の対象としつつも、それを抽象的、普遍的に考察する、という意味を持つのであろう。つまり、例えば人間の本質を例にして考察する場合も、実体の本質とは何であるかを考察する、ということである。そこで、結局、厳密な意味での哲学は、「あらゆる種類の実体を視野に収めつつ、実体の本質を普遍的、抽象的に考察する学」というふうに規定されることになる。

註

1 古典文献学者スネル〔第一章註9参照〕によれば、*sophia*（「知恵」）という語は、元来は実践的技術について用いられたもので、ホメロスにおける唯一の用例は大工の技術に関するものである（『イーリアース』第十五巻四一二行）。

2 アリストテレスは、後述するように、「原因」として四種類のものを考えており、目的因もその一つである。他は、形相、質料、始動因。

3 ちなみに、この語は英語の'school'の語源である。

4 これは、たぶん、アリストテレスの誤解であろう。というのも、エジプトで幾何学が生まれたのは、ナイル川の氾濫の後に土地を測量する必要性からだと一般に言われているからである。ちなみに、「幾何学」を意味するギリシャ語*geômetria*の文字通りの意味は「土地の測量」である。

5 文字通りの意味は「初め・最初」であるが、アリストテレスは「第一の（究極の）原因」という意味で用いる。「原理」とも訳される。

6 「個別的なもの」と「すべて」の対比によって、個別的な（内容の）知と一般的・普遍的な（内容の）知が対比されているのである。

7 なぜなら、感覚の対象は個別的なものであるから。

8 原因を「説明する」ことができるためには「理論的」な知が必要である。

9 アリストテレスの論拠は、「もしそのような前提がなければ、我々は何一つ論証することができなくなる」ということである。この論拠は「我々は論証することができる」ということを無条件に前提しているが、この前提には問題がある［第十五章参照］。

10 「普遍的」という規定は「第一」という規定のうちに含まれるのであろう。というのも、論証という観点から見れば、前提の方が帰結より普遍的なものであるので、第一の（究極の）前提は最も普遍的なものだからである。

11 *ousia*：①カテゴリーの一つとしての「実体」を意味する用法と、②「実体の存在のアルケーあるいは原因」を意味する用法とがあり、後者は結局は「本質」を意味するが、ここでは、*to ti ēn einai* と言い換えられており［次註参照］、形相を指すのであるから、「本質」を意味する。

12 *to ti ēn einai* は、「本質」を意味するアリストテレス独特の表現で、おそらくギリシャ人にも理解し難い表現だったであろう。ちなみに、それぞれの語をそのまま英語に置き換えると'the what [it] was [to] be'となる。

13 文字通りの意味は「下に置かれたもの」で、さまざまな属性を、あるいはまた形相を、担うものを指す。

14 初期のアリストテレスは、例えば『プロトレプティコス（哲学の勧め）』において、目的論的（teleological）自然観を持っていたように思われるが、『形而上学』においてもそうであったかどうかは判然としない。

15 アリストテレスは、『形而上学』においては、人間の定義として「二本足の動物」という定義をしばしば用いるが、それは形態を念頭に置いた定義であるように思われる。しかし、これをアリストテレスが本当に人間の定義だと確信していたかどうかは疑問である。

16 アリストテレス自身も、魂について論じている『デ・アニマ』（あるいは『霊魂論』）において、動物の種の違いに応じて魂が異なるというふうに考えてはいないようである。

17 これはアリストテレスの存在論の根本テーゼであるが、これについては次章で詳しく論じる。

18 アリストテレスは、『カテゴリー論』第一章において、「同名異義的なもの」（*homōnyma*）と「同名同義的なもの」（*synōnyma*）を次のように区別している。「同名異義的なもの」とは「名のみが共通で、その名に即した本質の定義が異なるようなもの」であり、例えば人間と絵が*zōion*と言われる場合がこれに当たる（*zōion*には「動物」という意味と「絵」という意味がある）。「同名同義的なもの」とは、「名が共通で、その名に即した本質の定義が同じであるようなもの」であり、例えば人間と牛が*zōion*（「動物」）と言われる場合がこれに当たる。

19 二十世紀におけるギリシャ哲学研究の泰斗オーウェンは、このような意味の連関を'focal meaning'と名づけた。この場合は、「健康」がfocusをなす意味だということになる。

20 *ousia* には「実体」と「本質」という意味があるが〔註11参照〕、ここでは、すぐ後に「*ousia* の属性（*pathē*）」という表現があるから、「実体」を意味する。なぜなら、本質に属性はないからである。

21 これが何を指すのかは判然としないが、たぶん、可能態において実体であるもの（例えば種子）を指すのであろう。

22 *ousia* が「本質」を意味するという点については、註11参照。

第十二章

「ト・オン・レゲタイ・ポラコース」『形而上学』

「ト・オン・レゲタイ・ポラコース」(*to on legetai pollachōs*)[*1]、すなわち「『あるもの』は多義的である」というのは、アリストテレスの存在論の根本テーゼである。本章では、アリストテレスがこのテーゼによってどのようなことを考えていたのかを説明しよう。

実は、このテーゼ自体が一義的ではない。

前章で述べたように、『形而上学』第四巻第二章においてもこのテーゼが持ち出され、さまざまな種類の〈あるもの〉は、同名異義的に「あるもの」と言われるわけではなく、実体との関係を含んでいるがゆえに「あるもの」と言われる、と述べられていた。しかし、その説明は体系的ではない。

第五巻第七章では、これとは異なる説明が与えられている。それによれば、「あるもの」（もしくは「ある」）には四通りの意味があることになる。

一　「あるもの」の四通りの意味（第五巻第七章）

『形而上学』第五巻第七章においては、アリストテレスは、「あるもの」と言われるものには次の四つの種類があると論じている。すなわち、［1］付帯的に〈あるもの〉、［2］自体的に〈あるもの〉、［3］「真」という意味で〈あるもの〉、［4］可能態もしくは現実態において〈あるもの〉である。それぞれについて説明しよう。

（1）付帯的に〈あるもの〉〈kata symbebēkos on〉［1017a7-22］

付帯的に〈あるもの〉の例として、アリストテレスは、①「正しい者（ho dikaios）[*2]が教養ある者（mousikos）である」とか、②「人間が教養ある者（mousikos）[*3]である」とか、③「教養ある者が人間である」と言われる場合を挙げている。そして、①については、「（正しい者と教養ある者の）両方が同じ〈あるもの〉（実は、人間）に付帯している」と説明し、②と③については、どちらについても、「教養ある者が〈あるもの〉である人間に付帯している」と説明している。そしてさらに、このような意味でならば、白くないものも、それが付帯しているものが〈あるもの〉であるがゆえに、「ある」と言われる、と付言している。

だが、アリストテレスは、何が「付帯的に〈あるもの〉」だと言いたいのだろうか。素直に読めば、①②③の文に含まれる「である」のことかと思いたくなるが、アリストテレスの説明は言語表現の分析ではない。というのも、もし言語表現の分析だとすれば、「AはBである」という文における主語「A」と述語「B」の関係の説明となるはずだからである。しかるに、先の説明は、むしろ、それぞれの文によって表現されている事態の分析である。それゆえ、それらの事態が「付帯的に〈あるもの〉」だと理解すべきなのであろう。だが、先の説明はそれ以上のことを意味している。

いずれの説明においても、「主語−述語」関係は無視して、人間に教養ある者もしくは正しい者が付帯していると説明されている。それは、「付帯する」という関係は実体に属性が付帯するという構造を持つということが暗黙のうちに前提されているからである。[*4] さらに、①の主語「正しい者」と③の主語「教養ある者」は、属性そのものではなく、そのような属性を持っているものである〔註2、3参照〕。つまり、これらは属性を担うもの（アリストテレスの術語で言えば、基体〔*hypokeimenon*〕）を含んでいるのである。

それゆえ、これらには暗黙のうちに言わば無名の実体（実は、人間）が含まれているのである。そうだとすれば、これらもまた実体に属性が付帯しているという構造を持っていることになる。したがって、「正しい者」や「教養ある者」もまた「付帯的に〈あるもの〉」だということになる。いずれの場合も、「付帯的に〈あるもの〉」とは、「属性が（無名の）実体に付帯するという仕方で存在するもの」という意味である。

（2）自体的に〈あるもの〉（*kath' hauto on*）［1017a22-30］

自体的に「ある」（*einai*）と言われるのはカテゴリーを意味する「ある」である、とアリストテレスは言う。そして、「ある」はカテゴリーの数だけの異なる意味を持つと言う。この意味でも「ト・オン・レゲタイ・ポラコース」と言われるのであるが、それは、先述の四通りの意味を区別する「ト・オン・レゲタイ・ポラコース」と異なるばかりでなく、第四巻第二章で言われた「ト・オン・レゲタイ・ポラコース」とも――カテゴリーを導入している点で――異なる（もっとも、実体以外のカテゴリーに属するものは実体に依存することによって〈あるもの〉である、という考え方は同じであるが）。

カテゴリーとは、述語となるものの種類であり、第五巻第七章では、〈何であるか（*ti*

esti)〉[5]（実体）、質、量、関係、為すこと、被ること、場所、時の八つのカテゴリーが挙げられている。[6] ちなみに、『カテゴリー論』の第四章においては、次の十個のカテゴリーが挙げられている[7]（1b25-2a4）。

実体（ousia）：人間、馬
量（poson）[8]：二ペーキュス、三ペーキュス［ペーキュスは長さの単位］
質（poion）[9]：白い、文法的
関係（pros ti）[10]：二倍、半分、より大きい
場所（pou）[11]：リュケイオンで、アゴラで
時（pote）[12]：昨日、昨年
置かれている：横たわっている、坐っている
所持している：靴を履いている、武装している
為す：切る、焼く
被る：切られる、焼かれる

それでは、カテゴリーの違いに応じて「ある」の意味が異なるとは、どういうことであろうか。「SはPである」という文における述語「P」のカテゴリーの違いに応じて「である」(コプラ)の意味が異なるということである、という解釈もあるが、先にも述べたように、アリストテレスは言語表現の分析を行っているわけではないので、文における「である」の意味・用法を問題にしているわけではないだろう。[*13] だが、この問題に答える前に、「自体的に『ある』」と言われるのはどのようなものであるのかを明確にする必要がある。

「付帯的に〈あるもの〉」の例として「正しい者」や「教養ある者」が挙げられていたが、これらは質のカテゴリーの例ではないか。そうすると、それらが同時に「自体的に〈あるもの〉」の例でもあるということになるのだろうか。だが、アリストテレスは「付帯的に〈あるもの〉」と「自体的に〈あるもの〉」を区別しようとしているのである。それでは、この区別はどのように理解すべきなのだろうか。「正しい者」と「教養ある者」は、先にも述べたように、基体を含んでいるのである。他方、アリストテレスが「カテゴリー」と呼ぶものは、第五巻第七章および『カテゴリー論』で挙げられている例を見れば、実体を別にすれば、基体を含まないものである。[*14] したがって、厳密に言えば、例えば「正しい者」や「教養ある者」ではなく、「正しさ」や「教養」が質のカテゴリーの例だということになるのである。

それでは、しかし、カテゴリーはどのような意味で「自体的に『ある』」と言われるのであろうか。後述するように、第七巻第一章においては、「歩いていること」や「健康であること」や「坐っていること」について、これらは「自体的に存在するものでも、実体から離れて存在しうるものでもない」と言われている。要するに、独立には存在しえないものだということである。したがって、カテゴリーが「自体的に『ある』」と言われる場合も、「独立に存在しうる」という意味ではないだろう。それでは、いったい、どのような意味と理解すべきなのだろうか。「自体的に〈あるもの〉」は「付帯的に〈あるもの〉」と対比され、後者は、先に述べたように、基体を含んでいる、という点に着目すれば、自ずと答が見えてくるだろう。「自体的に〈あるもの〉」は、基体を含んでいないのであるから、「基体から切り離されたもの」、言い換えれば「基体から独立のもの」と言うことができる。しかし、いまも述べたように、実際に基体から切り離されて、基体から独立に存在するわけではない。したがって、「基体から切り離されたもの」、「基体から独立のもの」というのは、「自体的に〈あるもの〉」の存在の仕方ではない。それは、我々の把握の仕方なのである。つまり、我々がカテゴリーを基体とともに把握すると「付帯的に〈あるもの〉」ということになり、基体から切り離して把握すると「自体的に〈あるもの〉」ということになるのである。

カテゴリーの違いに応じて「ある」の意味が異なるとはどういうことか、という先ほどの問題に戻ろう。これは、実体のカテゴリーに属するもの（例えば、人間）と質のカテゴリーに属するもの（例えば、正しさ）は、いずれも「自体的に『ある』」と言われるのであるが、「人間は自体的に『ある』」と言われる場合と「正しさは自体的に『ある』」と言われる場合では、「ある」の意味が異なる、ということである。そうだとすれば、その違いは、人間は実体として「ある」のに対して、正しさは質として「ある」という違いであろう。そうすると、アリストテレスは、例えば人間や正しさなどの「あり方」を問題にし、「実体としてある」というあり方、「質としてある」というあり方、あるいはまた、「量としてある」というあり方、「関係としてある」というあり方等々はそれぞれ異なるあり方だと主張しているのであろう。

(3)「真」という意味での「ある」［1017a31-35］

「ある」の第三の意味として、アリストテレスは、「ある」は「真」ということを意味し、「あらぬ」は「真ではない」すなわち「偽」ということを意味すると言う。[*15] そして、「ある」のこのような用法を次のように説明する。例えば「ソクラテスは教養ある者である」は、「ソクラテスは教養ある者」ということが「真である」ということを意味し、「正方形の対角線は辺と通約可能（*symmetros*）[*16]であらぬ」は、「正方形の対角線は辺と通約可能」ということが「偽である」ということを意味する。

(4)可能態もしくは現実態において〈あるもの〉［1017a35-b9］

「ある」の第四の意味として、アリストテレスは、「Fであるもの」は、可能態（*dynamis*）においてFであるものを意味する場合と、現実態（*entelecheia*）[*17]においてFであるものを意味する場合とがあると言う。そして、このことを次のような例によって説明する。例えば、現実態において見る者（現に見ている者）だけでなく、可能態において見る者（現に見てはいないが、見る能力を持っている者）も「見る者である」と言われる。あるいは、知識を現実態において持っている（現に活用している）者も、可能態において持っている（記憶のうちに持っている）者も「知っている」と言われる。

二　哲学の考察対象はどの意味での〈あるもの〉か（第六巻第二、四章）

（1）付帯的に〈あるもの〉について（第二章）

アリストテレスは、『形而上学』第六巻第二章において、「あるもの」（もしくは「あるる」）の先述の四義のうち、付帯的に〈あるもの〉はそもそも学の対象ではないと主張し、次のような証拠を挙げている（1026b4-10）。

いかなる学も――実践的な学にせよ、製作的な学にせよ、理論的な学にせよ――付帯的に〈あるもの〉には関心を持たない。というのも、家を作る人も、家が作られる時に同時に付帯するものは作らないからである。なぜなら、そのようなものは無限であるから。というのも、作られた家が、ある人たちには快適で、ある人たちには有害で、ある人たちには有益で、さらにはその他ありとあらゆるものであることを妨げるものは何もないからである。建築術はそのようなものを製作する術ではない。

だが、なぜ付帯的に〈あるもの〉は学の対象ではないのか。その理由を、アリストテレスは以下のように説明している（1026b27-1027a26）。

ものごとには、常に（あるいは、必然的に）しかじかであるもの（例えば、三角形は常にあるいは必然的に［内角の和が］二直角である）と、たいていの場合はしかじかであるもの（例えば、夏はたいていの場合は暑い）がある。そのどちらでもないものが付帯的にしかじかであるものである。つまり、付帯的にしかじかであるものとは偶然的なものである。そして、常にあるいは必然的にしかじかであるものやたいていの場合はしかじかであるものには一定の原因があるので、それを探究する学がありうるが、付帯的にしかじかであるものつまり偶然的なものには一定の原因がないので、そのようなものは学の対象とはなりえないのである。

（2）「真」という意味での「ある」について（第四章）

また、「真」という意味での「ある」も哲学（存在論）の対象ではない、とアリストトテレスは言う。その理由は以下の通りである（1027b17-28）。

真偽は言明について言われることであるが、言明には肯定的言明と否定的言明がある。肯定的言明（「SはPである」）[*18]は主語が指すもの（S）と述語が指すもの（P）の結合を表し、否定的言明（「SはPでない」）は主語が指すもの（S）と述語が指すもの（P）の分離を表す。そして、SとPが実際に結合している時には肯定的言明が真で否定的言明が偽であり、SとPが実際には分離している時には否定的言明が真で肯定的言明が偽である。しかるに、言明においてSとPを結合したり分離したりするのは思惟の働きである。したがって、真・偽は事物のうちにあるのではなく、我々の思惟のうちにあるのである。［それゆえ、「真」という意味での「ある」は哲学（存在論）の対象ではない］。

残るは自体的に〈あるもの〉と可能態もしくは現実態において〈あるもの〉であるが、これらは両方ともアリストテレスの存在論の考察対象となる。彼は、第七–九巻において、まず自体的に〈あるもの〉の考察から始めるのであるが、考察が進展するにつれて可能態もしくは現実態において〈あるもの〉が考察の対象となってくるのである。

三　哲学の考察対象としての〈あるもの〉とは何か（第七巻第一章）

『形而上学』第七‐九巻はアリストテレスの存在論のエッセンスとでも言うべき論考である。それは「ト・オン・レゲタイ・ポラコース（「あるもの」は多義的である）」という言葉で始まる。そして、それに次のような説明が続く。「というのも、或るものは（*to men*）〈何であるか〉（実体）あるいはトデ・ティ[19]を意味し、他方、或るものは（*to de*）〈どのようなもの〉（質）もしくは〈どれだけのもの〉（量）もしくはその他のカテゴリーを意味するからである」（1028a11-13）。

この文においては、「或るものは（*to men*）……、或るものは（*to de*）……」という構文によって、二つのものが対比されている。一方は実体であり、他方はそれ以外のカテゴリーである。したがって、ここには、第五巻第七章とは違って、「カテゴリーの違いに応じて『ある』の意味が異なる」という含意はなく[20]、要するに実体とそれ以外のカテゴリーを区別することがポイントなのである。

〈何であるか〉とは、「これは何であるか?」という問に対する答となるもののことで、例えばソクラテスの〈何であるか〉は〈人間〉である。〈どのようなもの〉と〈どれだけのもの〉は、それぞれ、「これはどのようなものであるか?」と「これはどれだけのものであるか?」という問に対する答となるもののことで、ソクラテスの〈どのようなもの〉は例えば〈善いもの〉とか〈白いもの〉などであり、〈どれだけのもの〉は、例えば〈一七〇センチのもの〉とか〈六〇キログラムのもの〉などである（最後の二つ以外はアリストテレスの挙げている例に倣った）。

さて、アリストテレスは、「あるもの」は多義的であると述べた後に、〈何であるか〉すなわち実体（*ousia*）が第一の〈あるもの〉であり、実体以外のカテゴリーに属するものは、実体の量（*posotēs*）や質（*poiotēs*）[*21]などであることによって〈あるもの〉と言われる、と主張する（1028a13-20）。要するに、実体以外のカテゴリーに属するものは（何らかの）実体に帰属し依存するという形でしか存在しえない、ということである。

ここで「量や質」と言われているものは、実体を基体として含まない量や質である[*22]［註21参照］。それゆえ、アリストテレスは次のように続ける。「歩いていること（*badizein*）や健康であること（*hygiainein*）や坐っていること（*kathēsthai*）は〈あるもの〉なのか、という疑問を懐く人があるかも知れない。というのも、これらはそれ自体として存在するものでも、実体から離れて存在しうるものでもなく、歩いているもの（*badizon*）や坐っているもの（*kathēmenon*）や健康であるもの（*hygiainon*）の方がまだしも〈あるもの〉であるように思われるからである。それは、これらには個別的な実体が基体として含まれているからである」（1028a20-28）。

アリストテレスの言う疑問とは次のようなことである。歩いているものや坐っているものや健康であるものが〈あるもの〉であるということはわかる。なぜなら、歩いている人や坐っている人や健康である人が存在し、これらは歩いているもの、坐っているもの、健康であるものであるからである。だが、歩いていることや坐っていることや健康であることが〈あるもの〉と言えるだろうか。これに対するアリストテレスの答は、既に述べられたことから明らかである。すなわち、歩いていることや坐っていることや健康であることは——それぞれが、歩いている人、坐っている人、健康である人に帰属するという仕方で存在しているので——〈あるもの〉と言える。

実体が第一の〈あるもの〉であるという点については、アリストテレスはさらに次のような説明を付け加えている（1028a33-b2）。

属性（実体以外のカテゴリーに属するもの）はどれも離存しうるもの（chōriston）ではないが、実体のみは離存しうるものである。また、定義においても実体が第一のものである（なぜなら、それぞれの属性の定義のうちには必ず実体の定義が含まれるからである）。さらに、我々がそれぞれのものを最も優れて知っていると思うのは、［例えば］人間や火の「何であるか」（ti esitn）を知っている場合であり、「どのようなもの」（質）や「どれだけのもの」（量）を知っている場合ではない。というのも、それぞれの質や量についても、知っていると言えるのはそれの「何であるか」を知っている場合であるから。

属性は離存しえないが実体は離存しうるという点については、確かに、例えば白は物体なしには存在しえないが、物体は白なしに存在しうる。だが、物体も色なしには存在しえないので、実体も属性から離存しえないのではないか。確かに、物体と色を一般的なものとして考えればそういうことになる。だが、アリストテレスの念頭にあるのは、個別的実体と個別的属性であり、彼の言わんとするところは、例えばソクラテスの白さはソクラテスが存在しなくなると存在し続けることはできないが、ソクラテスの白さが存在しなくなってもソクラテスは存在し続けることができる、ということなのである。

属性の定義のうちには実体の定義が含まれるというのは、例えば白は「物体の表面の、光を散乱させる性質」と定義されるので、白の定義のうちには「物体」という実体が含まれているということである。もっとも、白の定義のうちに含まれているのは「物体」という名であって定義ではないが、「物体」もまた定義されるべきものであるから、白の定義のうちには「物体」の定義が可能的（あるいは、潜在的）に含まれていると言うことができるだろう。

最も優れて知っているのは「何であるか」を知っている場合であるという点については注意が必要である。「何であるか」は、質や量と対比されているので、カテゴリーの一つとしての実体を指すように見えるが、最後に質や量について言われている「何であるか」は実体ではありえない。むしろ、「本質」と言うべきであろう。そうだとすれば、人間や火の「何であるか」も実は「本質」なのだと理解すべきであろう。ちなみに、「ウーシアー」（*ousia*）という語にも「実体」と「本質」の二義がある。この点については、次節で取り上げる。

さて、以上の説明で、アリストテレスが〈あるもの〉に言わば順位を付け、実体を第一の〈あるもの〉と考えるということが理解されたことと思う。このような考え方に基づいて、彼は、哲学（存在論）の扱うべき第一の問題は「実体とは何か」という問題であるという結論を下す。そして、この問題が『形而上学』第七-九巻の主題となる。だが、「実体とは何か」という問によって、アリストテレスは何を問題にしようとしているのであろうか。

四　「ウーシアー」の二義性について

これまでカテゴリーの一つを指す「ウーシアー」（*ousia*）という語を「実体」と訳してきたが、アリストテレスは「ウーシアー」という語を二義的に使っているように思われる。というのも、第七巻第三章からウーシアーについての本格的な考察が始まるのであるが、そこで問題にされるのは「個物のウーシアー」と言われるものであり、それはカテゴリーの一つとしての「実体」のことではないからである。問題をもっと明確にしよう。

『カテゴリー論』では、実体は個別的実体と普遍的実体に区別され、前者は「第一実体」、後者は「第二実体」と呼ばれた。そして、第二実体は第一実体に述語づけられると言われた。第一実体とは個物であり、第二実体とは種と類である。具体的には、例えばソクラテスは第一実体であり、その種である人間と類である動物は第二実体である。そこで、「ソクラテスは人間である」という文における述語の「人間」は種（第二実体）の名だということになる。他方、『形而上学』第七巻第三章における「ウーシアー」に関しては、「ソクラテスは人間である」という文は、ソクラテスに人間が述語づけられるという意味ではなく、ソクラテスは自体的に人間である（つまり、ソクラテス＝人間）という意味であり、「人間」という名が意味もしくは指示するものは、後述するように（次章第二節参照）、ソクラテスの（種〔第二実体〕ではなく）本質なのである。つまり、『形而上学』第七巻第三章においては第二実体（普遍的実体）は考慮されていないのである。他方、『形而上学』第七巻第一章では、実体以外のカテゴリーに属するものはウーシアーに依存していることによって〈あるもの〉であると言われているが、そのようなウーシアーは『カテゴリー論』では「第一実体」と呼ばれたものである。

ところが、『形而上学』第七巻第三章の冒頭で、前述の如く、「個物のウーシアー」という言い方が用いられているが、これは『カテゴリー論』にはない言い方であり、少なくともこの「ウーシアー」が第一実体を意味するのでないことは明らかである（なぜなら、個物自体が第一実体であるのだから）。また、第七巻第三章以降の議論を見れば、第十三章において、普遍的なものがウーシアーであることは否定されている。それゆえ、第七巻第三章の「ウーシアー」は（普遍的なものである）第二実体でもない。従って、『形而上学』第七巻第三章以降で主題となっているウーシアーは、カテゴリーの一つとしてのウーシアー（すなわち、実体）とは区別すべきものである。そもそも第七巻第三章における「個物のウーシアー」という言い方に関しては、例えば「ソクラテスのウーシアーは人間である」という文は、「ソクラテスを存在せしめている原因・根拠は（ソクラテスの本質である）人間である」という意味であるように思われる。そうだとすれば、「個物のウーシアー」という言い方における「ウーシアー」は「個物の存在の原因・根拠」とでも言うべきものを意味する、ということになるだろう。

それでは、『形而上学』における「ウーシアー」は『カテゴリー論』におけるそれとはまったく別のものと見做すべきなのか。それとも、前者は後者に修正の加わったものなのか。おそらく、『形而上学』においては、「ソクラテスは人間である」と言う場合の「人間」が意味もしくは指示するものを第二実体（普遍的実体）と見做す『カテゴリー論』の考え方に反省が加えられ、それがどのような身分のものであるのかが改めて検討されたのであろう。その検討の結果ウーシアーはどのようなものと考えられるようになったのかを次章で詳しく論じる。

註

1　*to* は定冠詞で、*on* はギリシャ語の be- 動詞 *einai* の分詞の中性単数形。したがって、*to on* は、そのまま英語に置き換えるとすれば 'the being' となるが、英語に翻訳するとすれば、'what is' の方が適切である。ちなみに、ドイツ語の 'das Seiende' は、語形の点でも意味の点でも、ギリシャ語の *to on* にほぼ対応する。

2　「定冠詞＋形容詞男性形」で「正しい人」を意味するのであるが、「人間」を意味する名詞が省かれているので、「正しい者」と訳すことにする。

3　この語自体は形容詞で「教養ある」という属性を意味するのであるが、①に関してはすぐ後で「両方［つまり、*ho dikaios* と *mousikos*］が同じ〈あるもの〉に付帯している」と説明されており、主語の *ho dikaios* と述語の *mousikos* が対等に扱われているので、述語の *mousikos* も「教養ある者」という属性を持っているものを意味すると理解すべきだと思われる。

そうすると、②における述語（*mousikos*）も「教養ある者」という意味に理解すべきであろう。

4 「AにBが付帯する」と言われるのは、「AにBが帰属することも帰属しないことも可能」な場合である。しかるに、人間は教養ある者であることもそうでないことも可能であるが、教養ある者は人間であることもそうでないことも可能なわけではない。それゆえ、人間に教養ある者が付帯するのであって、その逆ではない。したがって、この暗黙の前提自体は妥当なものと見做してよいだろう。

5 これは「何であるか」という疑問文であるが、この場合は、この問に対する答を意味すると理解すべきである。

6 どのような基準によって述語を分類したのかについては、アリストテレス自身は説明していない。疑問詞の種類が基準となったという解釈は、すべてのカテゴリーに当てはまるわけではないが、一つの有力な解釈である〔註5および8～12参照〕。

7 アリストテレスが十個のカテゴリーを挙げているのは、『カテゴリー論』のこの箇所と『トピカ』第一巻第九章（103b21-23）のみであり、通常は実体、質、量、関係しか挙げない。ちなみに、『カテゴリー論』と『トピカ』はいずれも初期の作品である。

8 「どれだけの」という疑問形容詞に対応する不定形容詞で、文字通りの意味は、「何らかの量のもの」。

9 「どのような」という疑問形容詞に対応する不定形容詞で、文字通りの意味は、「何らかの性質のもの」。

10 「何との関係において」という疑問詞に対応するもので、文字通りの意味は、「何かとの関係において」。

11 「どこ」という疑問副詞に対応する不定副詞で、文字通りの意味は、「どこか」。

12 「いつ」という疑問副詞に対応する不定副詞で、文字通りの意味は、「いつか」。

13 述語が動詞の場合は、例えば「ソクラテスは歩いている」のように、そもそも「である」という語は用いられないということも、このような解釈を正当化するだろう。

14 註21参照。なお、実体は基体となるものである。

15 ちなみに、チャールズ・カーンは、綿密な文献学的研究に基づいて、ギリシャ語の be-動詞（*einai*）の基本的な意味は 'to be the case', 'to be true' であるということを示した。Cf. C.H.Kahn, 'The Greek verb "to be" and the concept of being', *Foundations of Language* 2, 1966.

16 「整数比で表されうる」という意味。

17 「現実態」は *energeia* とも言われる。

18 述部が動詞（「P」）であっても（その場合は、肯定的言明は「SはP」となる）以下の説明はそのまま成り立つのであるが、第一に、述部が動詞である場合と「Pである」（英語では 'is P.'）である場合とを包括的に表現する語法はなく、第二に、述部が動詞（「P」）の場合はその否定を表現する表現法がないので、便宜上、述部は「Pである」と表記することにする。

19 *tode ti*：*tode* は英語の 'this' に当たり、*ti* は、「何」という疑問代名詞に対応する不定代名詞で、「何か」というような意味である。したがって、*tode ti* は「これ」（*tode*）と指示され、「何」（*ti*）と規定されるものを意味する（日本語に訳すとすれば、「これなる何か」というような意味)。例えばソクラテスは「これ」と指示され、「人間」と規定される。他方、例えばソクラテスの属性(例えば、性質や色や身長や体重など)は、ソクラテスへの指示を抜きにして(つまり、「ソクラテスの」という限定を用いることなしに)、「これ」と指示することはできない。したがって、「トデ・ティ」は個別的な実体を指すことになる。ただし、アリストテレスは形相も「これ」と指示しうるというふうに考えているので、形相もトデ・ティである。

20 第五巻第七章では、「*ta men ..., ta de..., ta de..., ta de...*」という構文によって、個々のカテゴリーが対比されている。

21 *posotēs* と *poiotēs* は、それぞれ「どれだけのもの」を意味する *poson* と「どのようなもの」を意味する *poion* の抽象名詞であり、基体を含まない属性としての量および質を意味する。

22 それゆえ、先ほどは実体以外のカテゴリーに属するものの例として〈善いもの〉、〈白いもの〉、〈一七〇センチのもの〉、〈六〇キログラムのもの〉を挙げたが、ここで「量や質」と言われているものの例としては、例えば〈善いという性質〉、〈白という色〉、〈一七〇センチという長さ〉、〈六〇キログラムという重さ〉などを理解しなければならない。

◉第十三章

本質をめぐる議論Ⅰ

『形而上学』

『形而上学』第七巻第三章において、アリストテレスは、「個物のウーシアー」[*1]と言われるものの候補を四つ挙げている。すなわち、本質（*to ti ēn einai*）[*2]、普遍、類、基体[*3]（*hypokeimenon*）である（1028b33-36）。これら四つのものを例えばソクラテスを例にとって言うとすれば、本質は形相としての人間であり、普遍は種としての人間あるいはその類である動物であり、類は動物であり、基体はソクラテスのさまざまな属性を担っているものである。それでは、これらのうちのどれが真の意味でのウーシアーなのだろうか。アリストテレスは最初に基体を検討の対象に選んでいるので、我々も基体から始めることにしよう。

一　基体について（第七巻第三章）

（1）基体とは何か

アリストテレスは、基体を「それについて他のものが言われ、それ自身はもはや他のものについて言われないもの」（1028b36-37）と定義している。「AについてBが言われる」という言い方は、「AにBが述語づけられる」ということを意味する。例えば「ソクラテスについて白が言われる」というのは「ソクラテスは白い」ということである。したがって、基体の定義は、簡潔に、「〈主語〉となるが〈述語〉とならないもの」と言ってもよいかも知れない。ただし、その場合、〈主語〉・〈述語〉は、文の要素としての（言い換えれば、言語表現としての）主語・述語を指すわけではなく、それらが指示もしくは意味する対象としてのものを指す（それゆえ、〈 〉を付した）。さらに、〈主語〉―〈述語〉関係は言わば存在論的な関係であり、文法的な主語―述語関係とは必ずしも一致しない。つまり、文法上の主語が指すものがここで言う〈主語〉であるとは限らない。[*4] 〈主語〉となるもの（基体）は、アリストテレスの考え方に従えば、実体なのである。他方、実体とウーシアーは密接な関係にある（あるいは、アリストテレスは両者を明確に区別していなかったのかも知れない)。したがって、アリストテレスの考えでは、基体はウーシアーの最も有力な候補、あるいはむしろ、ウーシアーの基本条件なのである。それゆえに、最初に基体が考察の対象として選ばれたのであろう。

さて、基体の定義に基づいて、アリストテレスは基体の候補を三つ挙げる。すなわち、①質料と②形相と③両者からなる結合体である(1029a2-3)。質料と形相と結合体については、アリストテレスは、銅像を例にして、次のように説明している。「質料は銅であり、形相は銅像の形であり、結合体は銅像である」(1029a3-5)。そして、さらに次のような説明を付け加えている。「もし形相が質料より先なるもの、言い換えればよりいっそう〈あるもの〉であるとすれば、形相は結合体より先なるものでもあるということになる」[*5](1029a5-7)。

だが、質料と形相と結合体が基体と言われるのはなぜか。基体とは、要するに「属性を担うもの」である[註3参照]。そこで、例えば「ソクラテスは白い」と言う場合、白という属性を担っている基体はソクラテスの身体すなわち質料であるというふうに考えることができる。あるいは、「ソクラテスは知恵がある」と言う場合は、知恵という属性を担っている基体はソクラテスの魂すなわち形相であるというふうに考えることができる。あるいは、「知恵がある」と言われるのは（人間としての）ソクラテスであるから、基体は身体と魂からなる結合体としての人間であると考えることもできる。

ところで、先の銅像の例によれば、形相とはものの形だということになるが、例えば人間の形相は（身体の形ではなく）魂だと言われるので、銅像の例を質料・形相・結合体の典型的な例と見做すべきではないだろう。銅像の例は、質料・形相・結合体という概念についての理解を助けるための例にすぎない、と理解すべきであろう。ちなみに、第八巻第三章においては、人工品は実体ではなく、人工品にはウーシアーはないという考え方が述べられている（1043b18-23）。

さて、次にアリストテレスは、先のように規定された基体がウーシアーであるとすれば質料がウーシアーだということになる、ということを、二つの議論によって示している。

（2）属性を担う究極の基体としての質料

第一に、アリストテレスは、「基体とは属性を担っているものである」という観点から、以下のように論じる（1029a11-19）。

他のもの［さまざまな属性］が取り去られると、［質料以外には］何も残らない。なぜなら、他のものは物体の受動的状態（*pathos*）と能動的作用（*poiēma*）と能力（*dynamis*）であり、長さと幅と深さ［高さ］はある種の量であって〈ウーシアー〉ではないから。むしろこれらが帰属する第一のものこそが〈ウーシアー〉である。しかるに、長さと幅と深さ［高さ］が取り去られると、これらによって限定されているもの［つまり、質料］以外には何も残らない。それゆえ、質料が〈ウーシアー〉だということになる。[*6][*7]

要するに、物体から属性を取り去ると何の属性も持たない物体が残り、それからさらに長さと幅と深さ（高さ）を取り去ると質料だけが残るので、質料がウーシアーだということになる、ということである。

この議論においては、第一に、属性は物体に帰属すると考えられている。だが、人間やその他の生物の場合には、物体（すなわち身体）ではなく魂（精神）に帰属する属性もある（例えば、知識や勇気など）。アリストテレスは、ここではそのようなものを考慮に入れていないのだろうか。それとも、無生物のみを念頭に置いているのだろうか。第二に、この議論においては形相がまったく考慮に入れられていない。だが、形相は、属性ではないから、すべての属性が取り去られても後に残るはずである。[*8] もっとも、人工物に関しては、形相は、たいていの場合は形であるから、長さと幅と深さが取り去られると形相もなくなると言えるかも知れない。以上の二点から判断するに、先の議論は人工物のみを念頭に置いた議論ではないかと疑われる。

(3)窮極の〈主語〉としての質料

第二に、アリストテレスは、「基体とは究極の〈主語〉である」という観点から、以下のように論じる[*9](1029a20-27)。

私が「質料」と言うのは、自体的(*kath' hautēn*)には(すなわち、それ自体は)、「何」(*ti*)とも「どれほど」(*poion*)とも、また、(〈あるもの〉を規定する)その他のいかなるものとも言われないもののことである。というのも、これらは何かに述語づけられるものであり、その何か(〈主語〉)とそれぞれの〈述語〉とは存在(*to einai*)が異な

[*10]るものだからである（なぜなら、[*11]他のものは実体に述語づけられ、実体は質料に述語づけられるのであるから）。[*12]したがって、究極の（〈主語〉となる）もの（つまり質料）は、自体的には（すなわち、それ自体は）「何」でも「どれほど」でもその他のいかなるものでもない。また、究極のものは（自体的には）否定的な規定を持つものでもない。なぜなら、否定的な規定も付帯的に帰属するはずだからである。[*13]以上のようなことから考えると、質料がウーシアーだということになる。

ここで述べられているのは以下のようなことである。まず、最初の文における「何」「どれほど」は、それぞれ、実体、量のカテゴリーに属するもののことであり、「（〈あるもの〉を規定する）その他のもの」とは、その他のカテゴリーに属するもののことである。そのようなものを「F」とすると、最初の文で言われているのは次のようなことである。①「質量が自体的にFと言われることはない」。そして、その理由が、第二の文で次のように述べられている。②「というのも、Fは何かに述語づけられるものであり、[*14]xにFが述語づけられるならば、xとFは存在が異なるもの（別個のもの）であるから」。だが、なぜ②が①の理由になるのだろうか。それは、「xが自体的に

Ｆと言われるならば、ｘとＦは存在が異なるもの（別個のもの）ではない」という前提があるからである。つまり、ｘが自体的にＦと言われるのは「ｘ＝Ｆ」の場合だということである。[*15]

他方、（ａ）「ｘはＦである」と言われ、（ｂ）ｘとＦは「存在が異なる（別個のものである）」のは、ｘにＦが「付帯している」場合である。それには二通りの場合がある。第一は、ｘからＦが分離されうる場合である。例えば、ソクラテスは白くなってもソクラテスであるから、ソクラテスから白は分離されうる。第二は、ｘの本質の定義とＦの本質の定義が異なる場合である。例えば、三角形に「（内角の和が）二直角」は、第一の意味においては「付帯」していないが、第二の意味においては「付帯」している（なぜなら、「三角形」の本質の定義と「二直角」の本質の定義は異なるから）。他方、ソクラテスに白は、第一の意味においても第二の意味においても、付帯している。

先の引用文中の第三の文［（　）内の文］において、①実体以外のカテゴリーに属するものは実体に述語づけられ、②実体は質料に述語づけられると述べられている。この点は、一見、問題がないように見えるが、具体的に考えれば問題が明らかとなる。例えば「ソクラテスは白い」と言われる場合、白がソクラテスに述語づけられ、ソクラテスは実体であるから、①は妥当な主張であるように思われる。しかし、②は質料にソクラテスが述語づけられるという意味ではなく、質料に（例えば）人間が述語づけられるという意味であろう。つまり、①における実体（ソクラテス）は個別的な実体であるのに対して、②における実体（人間）は個別的な実体ではないという重大な違いがある。それにまた、人間が述語づけられるのは、質料というより個別的な実体と言うべきではないだろうか。というのも、「ソクラテスは人間である」と言われるのであるから。だが、問題はそれほど単純ではない。というのも、人間は、ソクラテスに「付帯している」のではないから、ソクラテスに人間が「述語づけられる」とは言えないはずだからである〔註14参照〕。そこで、もし人間が何かに「述語づけられる」と言えるのだとすれば、その「何か」が質料であるという考え方も成り立ちうるのかも知れない。しかし、このことを認めると、質料がウーシアーであるという結論も認めざるをえなくなるであろうが、アリストテレス自身はこの結論を認めない。

質料がウーシアーであるということをアリストテレスが認めない理由は、質料はウーシアーの二条件を満たさないということである。ウーシアーの二条件とは、①離存しうる（*chōriston*）ということと、②トデ・ティ（*tode ti*）[*16]であるということである。そして、アリストテレスは、この二条件を満たすものとしては質料よりはむしろ形相や結合体の方がウーシアーであるように思われる、と述べている（以上、1029a27-30）。

しかし、第一に、質料は何から離存しえないのか。質料は形相から離存しえないということであれば、形相も質料から離存しえないのではないか。だが、第八巻第一章において「形相はロゴス［定義］において離存しうる」（1042a29）と言われていることから考えると、質料はロゴス（定義）において離存しえないのであろう。つまり、形相は質料抜きに定義されうるが、質料は形相抜きには定義されえない、ということであろう。第二に、質料はなぜトデ・ティでないのか。「トデ・ティ」とは、「これ」（*tode*）と指示され、「何」（*ti*）と規定されるものである。しかるに、質料は、既に見たように、「何」と規定されない。また、「これ」と指示されるのは結合体としての個物もしくはその形相であり、質料は「これ」と指示されもしない。

以上の議論によって、基体はウーシアーでないということが示された。次に、ウーシアーの候補として本質が取り上げられる。

二　本質について（第七巻第四章）

（1）本質の規定

アリストテレスは本質（*to ti ēn einai*）を次のように規定する。「それぞれのものの本質とは、そのものに自体的（*kath' hauto*）に言われるものである。というのも、君の本質は教養ある者の本質ではないからである。なぜなら、君は自体的に教養ある者であるわけではないのだから。君の本質は、君が自体的にそれであるところのもの〔つまり、人間〕である」（1029b13-16）。

まず、本質の例として「君の本質」が挙げられている点に注意しなければならない。このことは、アリストテレスが問題にしている本質は、例えば人間の本質のような普遍的なものの本質ではなく、個物の本質だということを意味する。

それでは、「自体的に言われる」とはどういう意味か。第七巻第三章においては、「xが自体的にFと言われる」ということと「xにFが述語づけられる」ということが対比され、両者の違いはxがFと同じものか否かの違いであった。ここでも同様の意味に解すべきであろう。つまり、例えば「ソクラテスが自体的に人間と言われる」とすれば、それは、ソクラテスに人間が帰属するということではなく、「ソクラテス＝人間」ということなのである。ちなみに、「自体的」は「付帯的」と対比されるが、第七巻第四章では「付帯的に言われる」という言い方は用いられておらず、「自体的に言われる」と対比すべき表現として、「あるものについて別のものが言われる」という表現が用いられている。この点に関しては、後で改めて触れる。

もう一つ注意すべき点がある。「君の本質は教養ある者ではない」と言わずに、「君の本質は教養ある者の本質ではない」と言っているのはなぜか。「君は自体的に教養ある者であるわけではない」という言い方から判断すれば、「君が自体的にそれであるところのもの」とは、「人間の本質」ではなく「人間」であろう。そうすると、「君の本質」は「人間」だということになるはずである。ところが、先の言い方に倣えば、「君の本質」は「人間の本質」だということになる。これはいったいどういうことか。

「君は教養ある者である」というのは「君はどのようなものであるか？」という問に対する答となる。それゆえ、「教養ある者」は〈どのようなもの〉すなわち質と言われる。他方、「君は人間である」というのは「君は何であるか？」という問に対する答である。それゆえ、「人間」は〈何であるか〉すなわち実体と言われる。つまり、

「人間」は、差し当たっては、実体のカテゴリーの名なのである。その「人間」について、さらに「人間とは何か?」と問うことができる。この時に問われているものは人間の本質である。この問に対する答を、アリストテレスに倣って、仮に「二本足の動物」としよう。そうすると、これは人間の本質の定義である。他方、人間の本質には名もある。それは「人間」に他ならない。つまり、「人間」は、一方では実体のカテゴリーの名であり、他方では本質の名でもあるのである。それゆえ、「君の本質は人間である」と言ってもよいのであるが、この「人間」が本質の名であるということを明示するために、先述の如く、「君の本質は人間の本質である」と言われているのであろう。そこで、この文は、二つの「の」の意味を区別して、「君にとっての本質は人間という本質である」という意味に理解すべきであろう。「xの本質」が後者のような意味である場合は、以下では、文脈に応じて、「x（の本質）」あるいは「x（という本質）」と表記することにする。

（2）白い表面の場合について

本質について先のように説明した後、アリストテレスは次のように言う。「例えば表面にとって白が自体的であるの[*17]と同様な仕方で自体的であるものは本質ではない。なぜなら、表面の本質は白（の本質）ではないからである」（1029b16-18）。

　これはどういう意味であろうか。ここでは表面の本質が問題にされているが、アリストテレスが問題にする本質は、先に述べたように、個物の本質である。それゆえ、先の引用文における表面は個別的な表面のことと理解すべきであろう。そこで、例えばある個別的な人間が「ソクラテス」と呼ばれるのに倣って、ある個別的な白い表面を「S」と呼ぶことにしよう。そうすると、アリストテレスの考え方に従えば、「Sは自体的に白い」と言えるが〔註17参照〕、Sの本質は白（の本質）ではない。なぜなら、白は表面の〈どのようなもの〉（質）にすぎないのだから。

　次に、アリストテレスは、Sの本質は白い表面（という本質）でもない、と言う（1029b18-19）。そして、その理由を次のように説明している。「Sの本質は白い表面（という本質）である」と言うと――「白い表面」という表現は名ではなくロゴスであるから――「Sの本質の定義は『白い表面』である」という意味になり、定義が定義されるべきもの（表面）を含んでいることになる。

　だが、「白い表面」が何かの定義であるとすれば、それは、表面の定義ではなく、

Sの本質の定義であるから、「白い表面」という定義は定義されたものの名（つまり、「S」）を含んではいないのではないか。否。例えばソクラテスの本質を定義するとすれば、ソクラテスの〈何であるか〉は「人間」であるから、「人間」を定義することになる。したがって、Sの本質を定義するとすれば、Sの〈何であるか〉は「表面」であるから、「表面」を定義することになる。それゆえ、「白い表面」は、もし何かの定義であるとすれば、Sの定義ではなく、表面の定義だということになるのである。

さて、以上の議論においては、表面が「自体的に白い」と言われる場合の「自体的」は「自体的に言われるものが本質である」という場合の「自体的」とは意味が異なるということから、言わば話が脇道に逸れて、「白い表面」は本質かという議論が展開された。これは、要するに、属性とその基体の「複合体」の本質の問題である。そこでアリストテレスは、次に、複合体一般について、本質があるかどうかを論じる。

(3) 複合体に本質はない

アリストテレスは、実体と属性の複合体の例として「白い人間」を選び、これに「衣」という仮の名を与える*18（1029b27-28）。そして、「白い人間」は衣の本質の定義かという問題を立て、「衣の本質なるものはない」ということを次のように論じる（1030a2-7）。

本質は厳密な意味でのトデ・ティである。他方、あるものについて別のものが言われる[*19]場合には、それは厳密な意味でのトデ・ティではない。例えば白い人間は厳密な意味でのトデ・ティではない。というのも、「トデ（このもの）」は実体のみに帰属するからである。したがって、それのロゴスが定義であるようなものにのみ本質があることになる[*20]。

要するに、白い人間は厳密な意味でのトデ・ティではないから、白い人間は本質ではない、ということであるが、なぜ白い人間は厳密な意味でのトデ・ティではないのか。それは、白い人間は「あるもの（人間）について別のもの（白）が言われたもの」だからである。だが、なぜ「あるものについて別のものが言われたもの」は厳密な意味でのトデ・ティでないのか。

「あるものについて別のものが言われたもの」（例えば、白い人間）は、実体（「あるもの」）

と属性（「別のもの」）からなる複合体である。そのようなものも（「これ」と指示されうるものであるから）ある意味では「トデ（このもの）」と言われるが、それは、実体部分（人間）がトデであるからである。したがって、厳密な意味でトデであるのは、複合体（白い人間）のうちの実体部分（人間）のみである。それゆえ、厳密な意味でのトデ・ティは複合体の全体ではなく、したがって「あるものについて別のものが言われたもの」（複合体の全体）は厳密な意味でのトデ・ティではないのである。

だが、なぜ厳密な意味でのトデ・ティにしか定義がないのであろうか。この点に関しては、アリストテレスは次のように論じている（1030a7-9）。

定義というのは、名がロゴスと同じものを意味もしくは指示する場合のロゴスというわけではない。さもなければ、あらゆるロゴスが定義だということになるであろう。というのも、どのようなロゴスにも名があるはずだから。そうすると、『イーリアース』［の全文］も定義だということになるだろう。*21

それでは、どのようなロゴスが定義なのか。アリストテレスは「第一なるもののロゴス」が定義だと言う（1030a10）。そして、「第一なるもの」を「『あるものについて別のものが言われる』というのではない仕方で言われるもの」のことだと説明している（1030a10-11）。「あるものについて別のものが言われる」という仕方で言われるものとは、先にも述べたように、実体と属性からなる複合体である。したがって、「『あるものについて別のものが言われる』というのではない仕方で言われるもの」ということは、実体だけでなく属性にも当てはまる。しかしながら、アリストテレスは、本来的な意味での定義は実体にしか認めない。また、既に述べたように、アリストテレスは実体を第一の〈あるもの〉と規定する。したがって、「第一なるもの」とは、実体のことなのである。そこで、アリストテレスは、先の説明に続けて次のように論じる（1030a11-14）。

したがって、本質は、種にのみ帰属するものなのである。というのも、それは、分有によって属性として言われるものではなく、また付帯性として言われるものでもない、と思われるからである。

要するに、種は個物の属性でも付帯性でもないということである。例えばソクラテスの種は人間であるが、人間はソクラテスの属性でも付帯性でもない。というのも、先に述べたように、ソクラテスは自体的に人間であり、したがって「ソクラテス＝人間」だからである。

（4）定義・本質の多義性

アリストテレスは、本来的な意味での定義は実体にしか認めないが、属性にも派生的な意味での定義は認める。この点に関して、彼は以下のように論じている（1030a17-25）。

> 定義も、〈何であるか〉（*to ti estin*）と同様、多義的なのかも知れない。というのも、〈何であるか〉はある意味では実体あるいはトデ・ティを意味するが、別の意味では量や質などのカテゴリーを意味するからである。というのも、第一義的な意味で「ある」のは実体であるが、実体以外のカテゴリーに属するものも派生的な意味で「ある」からである。それと同様に、〈何であるか〉も、端的には実体に帰属するが、ある意味では実体以外のカテゴリーに属するものにも帰属する。実

際、我々は質に関して「何であるか?」と問うことができるので、質もまた〈何であるか〉である。ただし、端的に〈何であるか〉ではない。

アリストテレスの言わんとするところは次のようなことである。例えばソクラテスについて「これは何であるか?」と問われれば答は「人間」であるから、人間は〈何であるか〉である。他方、人間は実体あるいはトデ・ティである。したがって、人間が〈何であるか〉だと言われる場合の〈何であるか〉は実体あるいはトデ・ティを意味する。同様に、例えば白について「これは何であるか?」と問われれば答は「白」であるから、白は〈何であるか〉である。他方、白は質である。したがって、白が〈何であるか〉だと言われる場合の〈何であるか〉は質を意味する。だが、白の場合は、この説明は、厳密に言えば、成り立たない。というのも、白は「これ」と指示されえないので、白については「これは何であるか?」と問うことはできないからである。白を指示するためには、例えば「この物体の（この）表面の色」というふうに言わなければならない。つまり、白の指示は実体の指示に依存せざるをえないのである。このような意味で、質の〈何であるか〉と実体の〈何であるか〉の間には、質の存在が実体の存在に依存するのと同様の依存関係がある、というふうにアリストテレスは考えるのである。

さて、〈何であるか〉(*to ti estin*)について、すなわち例えば人間や白について、さらに「人間とは何か?」とか「白とは何か?」と問うたとすれば、問われているのは人間や白の本質(*to ti ēn einai*)であり、答として要求されているのはそれらの定義である。したがって、本質および定義は〈何であるか〉に依存している。それゆえ、質の〈何であるか〉と実体の〈何であるか〉の間に依存関係があるとすれば、質の本質および定義と実体の本質および定義の間にも同様の依存関係がある、というふうにアリストテレスは考えるのである。

以上のような考え方に基づいて、アリストテレスは、実体以外のカテゴリーに属するものにも本質と定義を認めるが、それらは派生的な意味での本質あるいは定義であると考えるのである。

以上で、個物のウーシアーの四つの候補のうちの二つについて論じた。残るは普遍と類である。だが、既に明らかなように、基体は斥けられたが、本質は斥けられなかった。つまり、個物のウーシアーは本質であるという結論が下されたも同様なのである。事実、普遍と類も後で検討されるが、どちらも斥けられる。それゆえ、本章の論述もこれで終えることにしたい。ただし、普遍と類は次章で、別の観点から取り上げることになる。

註

1 この「ウーシアー」は、前章末で述べたように、カテゴリーの一つとしての「実体」ではなく実は「本質」を意味するのであるが、第一に「本質」は*to ti ēn einai*の訳語として定着しており、第二に、本質は差し当たってはウーシアーの候補の一つとして挙げられているので、「ウーシアー」とカタカナ表記することにする。

2 類は普遍の一種でもあるが、それとは別の種類の類も考えられる。すなわち、本質（形相）は類と種差によって定義されるので、個物に内在する本質（形相）は類と種差からなると考えることもできる。つまり、個物に内在する、言わば個別的な類というものも考えられるのである。

3 *hypokeimenon*の文字通りの意味は「下に置かれたもの」で、アリストテレスはこの語を「属性を担うもの」という意味で用いる。なお、基体は他の三つの候補と身分を異にするように思われる。というのも、後述するように、これはウーシアーが満たすべき条件と考えられているようだからである。

4　ちなみに、アリストテレスは、『分析論前書』第一巻第二十七章において、例えば「あの白いのはソクラテスである」という文のように、存在論的には〈主語〉でないものが文法上の主語となっているような文を「付帯的な述語づけ」と呼んでいる（43a33-36）。

5　この文は条件文の形で述べられているが、アリストテレス自身は条件節も真と見做している。つまり、彼は、形相は、質料より先なるものであるから、結合体よりも先なるものであり、第一のものである――言い換えれば、形相は最も本来的な意味において「基体」である――というふうに考えているのである。

6　第七巻第三章では、先に述べたように、カテゴリーの一つとしての「実体」とは異なる意味での「ウーシアー」が問題になっているのに、この「ウーシアー」は、量と対比されていることからも明らかなように、カテゴリーの一つとしての「実体」を意味する。そうすると、すぐ後の二つの「ウーシアー」も同じ意味であろう（それゆえ、三つの「ウーシアー」には〈 〉を付した）。だが、アリストテレスはそのことを意識しているのかどうか、あるいは、そもそも「ウーシアー」と「実体」を明確に区別しているのかどうかは、判然としない。

7　それ自体としては、一定の長さと一定の幅と一定の深さ（高さ）を持たないもの、つまり形を持たないもの。

8　実は形相こそがウーシアーなのであるが、先の議論では「ウーシアー」という語が「実体」という意味で用いられているために［註6参照］、おそらく、形相が言わば「見失われて」しまっているのであろう。

9　この議論と第一の議論の関係は決して明確でなく、さまざまに解釈されている。この議論は「質料」の説明から始まるが、その過程で、質料が窮極の〈主語〉としての基体であるということが説明されている。そこで、私は、この議論と第一の議論の違いを次のように理解する。第一の議論では、言わば「存在論的観点」から、基体が「属性を担うもの」と捉えられていたのに対して、この議論では、言わば「言語による把握」という観点から、基体が〈主語〉と捉えられている〔註12参照〕。

10　「存在が異なる」とは、「別々に存在しうる」、言い換えれば、「別個のものである」という意味である。

11　以下は、直接的には、「述語づけ」においては〈主語〉と〈述語〉は「存在が異なる」ということの理由である。

12　「他のものは実体に述語づけられる」における「実体」は個別的実体である。他方、「質料に述語づけられる」と言われている「実体」は個別的実体ではない。むしろ、本質としてのウーシアーだと言うべきではないだろうか（この問題点については後述する）。なお、第一の議論では、属性の基体は「物体」だとされていたが、ここでは属性の基体は実体だとされている。このことは、「基体」の意味、あるいは基体を捉える観点が第一の議論とは異なる、ということを示している〔註9参照〕。

13　「付帯的に帰属する」は、「自体的に帰属する」と対比される言い方で、「述語づけられる」と同じ意味である。したがって、否定的規定も、質料に述語づけられるのであって、質料それ自体のあり方を言い表すものではない、ということになるのである。

14　ただし、第七巻第四章によれば、「何」（実体）は「述語づけられる」ものではなく、例えば「ソクラテスは人間である」は、「ソクラテスは自体的に人間である（ソクラテス＝人間）」を意味する、というふうに言われている［本章第二節（1）参照］。

15 「自体的」はしばしば「付帯的」（*kata symbebēkos*）と対比されるが（しかも、「述語づけられる」はすぐ後で「付帯的に帰属する」と表現されてもいる）、「付帯的」とは、別々のもの（「存在が異なる」もの）がたまたま一緒になっている状態を指す。したがって、「自体的に言われる」場合は、〈主語〉と〈述語〉は「存在が異なる」ものではない、言い換えれば、両者は同じものである。要するに、「自体的に言われる」とは、〈主語〉そのものについて、それの「何であるか」を示す名が言われる、ということである。

16 「トデ・ティ」の意味に関しては、第十二章註19参照。

17 アリストテレスは、「（白い）表面は自体的に白い」というふうに考える［『形而上学』第五巻第十八章22a30-31参照］。「自体的」ということばも多義的なのである。

18 「衣」は、意味は度外視して「白い人間」に与えられた仮の名である。白い人間に「衣」という名を与えることによって、衣のロゴス（定義）は「白い人間」ということになり、「定義のうちに定義されるべきものの名が含まれていない」という条件が満たされることになるのである。

19 *allo kai allou legetai*：「人間は白い」のような文だけでなく、後の例からもわかるように、「白い人間」のような名詞句もこの規定に該当する。なお、これらはいずれもギリシャ語では「ロゴス」と呼ばれる。

20 「白い人間」は衣のロゴスであるが、定義ではない。

21 『イーリアース』の全文はロゴスであり、「イーリアース」はそのロゴスの名であるから。

第十四章

本質をめぐる議論Ⅱ 『形而上学』

アリストテレスにとっては、哲学とは、第一の〈あるもの〉（すなわち、実体）の究極の原因の探究である。それは、結局は、個別的実体のウーシアーの探究である。そして、個別的実体のウーシアーとは本質であり、本質のロゴスが定義である。以上のことは既に述べた。それでは、本質の定義とはいったいどのようなロゴスなのであろうか。また、定義された本質とはどのようなものなのであろうか。本章では、このような観点から本質について考察を進める。

一　定義は質料を含むか（第七巻第十、十一章）

個別的実体は本質とさまざまな付帯的属性からなっている。例えばソクラテスは、その本質は人間であり、肥満、獅子鼻、出目、哲学者などの付帯的属性を持っている。

他方、アリストテレスの考え方に従えば、個別的実体は質料と形相からなる。例えば人間の場合は、魂が形相で身体が質料である（アリストテレスはそう言っている）。また、アリストテレスは形相が本質だとも言う。だが、質料は付帯的属性というわけではないから、質料もまた、本質と付帯的属性の対の本質の側に属すると言うべきではないだろうか。

このような問題を感じた所為かどうかはわからないが、アリストテレスは第七巻第十章において、定義は質料のロゴスを含まないと論じている。[*1] その議論の概略は以下の如くである。

（1）定義は質料を含まない（第七巻第十章）

まず、定義を構成する部分について、アリストテレスは次のように論じている（1034b20-28）。

定義はロゴスであるが、ロゴスには部分があり、ロゴスと事物の関係と、ロゴスの部分と事物の部分の関係は同じであるから、事物の部分のロゴスが事物の全体のロゴスに含まれるべきか否かが問題となる。というのも、ある種の部分のロゴスは含まれるが、ある種の部分のロゴスは含まれないように思われるからである。例えば、円のロゴスは円の切片のロゴスを含まないが、音節のロゴスは音素のロゴスを含む。音素が音節の部分であるのと同様に、円の切片も円の部分であるのに。

円のロゴスは円の切片のロゴスを含まないが、音節のロゴスは音素のロゴスを含むという違いについては、アリストテレスは次のように説明している（1035a11-17）。

それは、音素は音節の形相のロゴスの部分であって質料としての部分ではないのに対して、円の切片は円の質料としての部分だからである。……ただし、どんな音素でも音節のロゴスに含まれるというわけではない。例えば、書かれた音素［文字］や発音された音素は音節のロゴスには含まれない。それは、これらは感覚的質料としての部分だからである。

また、定義に質料は含まれないという点については、アリストテレスは次のようにも論じている（1035b31-1036a5）。

部分は、形相（私が「形相」と言うのは本質のことであるが）にも、形相と質料からなる結合体にも、質料自体にもある。だが、ロゴス〔定義〕の部分は形相の部分のみであり、ロゴス〔定義〕の対象は普遍的なものである。……他方、結合体、すなわち、例えば感覚もしくは思惟の対象となる個別的な円（思惟の対象となるのは数学の対象としての円であり、感覚の対象となるのは例えば銅や木でできた円である）には定義はない。

要するに、定義には質料は含まれず、したがって、質料を含む個別的な結合体には定義はない、ということである。

最後の引用文で形相と本質は同じものだと言われている。その理由はここでは説明されていないが、そもそも定義とは本質のロゴスであり、定義には形相の部分のみが含まれ、質料は含まれないのであるから、「本質＝形相」ということになるのである。だが、そうだとすれば、個別的実体から本質を差し引いた残り（付帯的属性）と、個別的実体から形相を差し引いた残り（質料）が同じものでないのはどういうわけか。

具体的な個別的実体（例えば、ソクラテス）について我々がまず認識するのはさまざまな付帯的属性であり、付帯的属性が個別的実体の「個別性」を形成する。他方、すべての人間は人間である限りにおいては同じものである。このようなことから付帯的属性に対して本質というものを考えるというのは理解できる。他方、形相と質料という概念には「個別性」を形成するものはない。[*2] これらは、抽象的・一般的に把握された個別的実体を分析する概念なのであろう。このように考えると、本質と付帯的属性の対と形相と質料の対は、個別的実体を分析する観点が異なるのかも知れない。しかし、そうだとしても、というより、そうだとすればなおさらのこと、本質と形相を同一視してよいかどうかは問題である。

（2）動物の定義は質料を含まないか（第七巻第十一章）

ところで、先に引用した「定義は質料のロゴスを含まない」と論ずる議論は、円と音節を念頭に置いた議論であり、動物に関してはアリストテレスの態度は必ずしも明確ではない。彼は、第七巻第十一章において、次のように論じている（1036a31-b7）。

例えば円は銅や石や木のうちに生じるが、このように異なる質料のうちに生じるものの場合には、銅や石［つまり、質料］がウーシアーに属さないことは明らかである。……仮に我々の見る円がすべて銅でできているとしても、思惟において銅を円から分離するのは困難であろうが、銅が形相の部分でないことに変わりはない。……人間の形相はいつでも肉や骨などのうちに生じるので、肉や骨などは人間の形相の部分なのだろうか。それとも、これらは質料なのだが、人間の形相が他の質料のうちにも生じるということがないために、我々には分離することができないだけなのだろうか。

肉や骨などが人間の形相の部分なのか質料なのかという問題に関しては、アリストテレスは次のように論じている（1036b28-32）。

人間は円と同様ではなく、質料的部分なしには存在しえない。なぜなら、人間は運動抜きには定義できず、したがってある状態にある部分［要するに、魂が宿った身体（質料）〕抜きに定義することもできないからである。というのも、〔例えば〕手は、どんな状態にあっても手であるわけではなく、手としての働きを持っていなくてはならず、したがって魂が宿っていなければならないからである。

しかし、アリストテレスは、普遍的な形相と質料と結合体について、次のようにも論じている（1037a5-10）。

魂が第一のウーシアー〔形相〕で、身体が質料であり、〔普遍的なものとしての〕人間あるいは動物は、普遍的なものとしてのウーシアー〔形相〕と普遍的なものとしての質料の両者からなるものである。[*3] 他方、ソクラテスについては、魂をソクラテスと見做す者もいるが、個別的な魂と個別的な身体〔からなる結合体〕がソクラテスであると見做すならば、普遍的なものの場合と同様である〔つまり、ソクラテスは形相と質料からなるものである〕。

以上の引用文から判断するに、アリストテレスは次のように考えていると思われる。

動物においては魂と身体が不可分に結合している。したがって、普遍的なものとしての人間は普遍的なものとしての形相と普遍的なものとしての質料からなる。しかるに定義の対象は普遍的なものであるから、人間を定義する場合の定義の対象は普遍的なものとしての人間であり、それは普遍的なものとしての形相と普遍的なものとしての質料からなる。したがって、人間の定義は形相だけでなく質料も含むことになる。他方、個別的な人間の形相は魂であり、質料は身体である。したがって、人間の定義は魂のロゴスと身体のロゴスを含むことになる。ただし、個別的人間と魂を同一視する者もいるので、そのような者にとっては、人間の定義は魂(形相)の定義だということになる。

そうすると、人間の定義には質料を含まない定義と質料を含む定義があるということになるが、アリストテレス自身はどう考えているのであろうか。先の引用文では、彼は「魂をソクラテスと見做す者もいる」と他人事のように語っているが、これは、次に述べるような理由で、アリストテレス自身の考え方だと思われる。アリストテレスは、前章で述べたように、個別的実体について「自体的に言われる」ものが本質だと考えており、このことは個別的実体とその本質が同一のものであるということを意味する。他方、彼は形相が本質だと考えている。したがって、個別的実体（例えば、ソクラテス）とその形相（魂）は同一のものだということになる。それにまた、アリストテレスは、質料と形相からなる個別的結合体には——質料は不定なるものであるがゆえに[*4]（1037a27）——定義はない、とも主張している。以上のことから判断すれば、アリストテレスは人間の定義には質料（身体）は含まれないと考えているように思われる。

だが、個別的結合体に定義はないということは、例えばソクラテスの定義はないということであり、これは個別的結合体の本質（例えば、人間）に定義はないということとは違う。それにまた、アリストテレスは、普遍的なものとしての人間には普遍的なものとしての質料が含まれると言っているではないか。さらに、アリストテレスは、定義の具体例を挙げる必要がある時には人間の定義を「二本足の動物」とするが、「二本足」は身体的特徴であるから、この定義は質料的要素を含んでいるように思われる。このように考えると、アリストテレスは人間の定義には質料（身体）が含まれていると考えているようにも思われる。要するに、アリストテレス自身の態度がアンビヴァレントなのである。

だが、個別的実体としての人間（例えば、ソクラテス）の質料と普遍的なものとしての人間の質料は、どちらも身体であるはずであるが、両者はいったいどのように違うのであろうか。おそらく、アリストテレスは、ソクラテスの質料はソクラテスを他の人間から区別するようなものであるのに対して、普遍的なものとしての人間の質料はすべての人間に共通なものである、というふうに考えたのであろう。それゆえ、個別的結合体の質料は、個体ごとに異なり、それぞれの個体においても変化しうるようなものであるので、「不定なるもの」とか「不可知なるもの」とか「（しかじかのもので）あることもあらぬことも可能である」と言っているのであろう［註4参照］。だが、個体ごとに異なり、変化しうるものは、質料ではなく付帯的属性である。そこで、アリストテレスは質料と付帯的属性を混同していた、あるいは明確に区別していなかった、という可能性も考えられる。いずれにしても、アリストテレスが、動物（例えば、人間）の定義に関しては、質料を含むか否かに関してアンビヴァレントであったことは確かである。

二　定義されたものの単一性について（第七巻第十二章、第八巻第六章）

アリストテレスは第七巻第十二章において、定義されたものがなぜ単一なものであるのかという問題を考察している。この問題は、例えば人間が「二本足の動物」と定義されるとすれば、人間はなぜ二本足と動物という二つのものでないのか、という問題である。

アリストテレスは、定義は類と種差からなるというふうに考える。例えば「二本足の動物」の場合は、「動物」が類で「二本足」が種差である。種差とは、同じ類に属する異なる種の間の違いを示す特徴である。例えば「二本足」は、人間と他の動物の違いを示す特徴である。

さて、アリストテレスは、類と種差によって定義されたものの単一性の問題を、次のように解決する（1038a5-9）。

類は種から離れて存在するものでないとすれば、あるいは、質料として存在するのだとすれば（というのも、音声は類でも質料でもあり、種差がそのような音声から種としての音素を作るのであるから）、定義は種差からなるロゴスである。

これは以下のような意味である。例えば「ア」という音素や「イ」という音素は音声の「種」であるから、音声はこれらの音素の「類」である[*5]。他方、個々の音素は音声からなるものであるから、音声は音素の質料である。そして、どの音声も何らかの音素であり、どの音素でもないような音声は存在しない〔註5参照〕という意味で、音声は音素から離れて存在するものではない。そこで定義における類と種差の関係は、音声と音素のこのような関係と同じであるとすれば、定義は種差からなるロゴスである。

これは、一見、人間の定義は「二本足の動物」ではなく「二本足」であるということを意味するように思われるが、実はそうではない。というのも、この後の議論でも、アリストテレスは人間の定義には常に「動物」を含めているからである。したがって、先の帰結は、「二本足の動物」における「二本足」は形相で「動物」は質料である、という意味に理解すべきであろう。だが、そうだとすれば、定義の対象は、やはり、形相と質料という二つのものからなるということになるのではないか。否。アリストテレスは、形相と質料は二つのものではなく一つのものであるというふうに考えるのである。この点については、後で改めて取り上げることにする。

だが、類を質料と見做すことによって問題に決着がつくわけではない。なぜか。定義は類と種差からなるという考え方は、第九章で取り上げたプラトンの「分割法」と同様の仕方で定義が求められるという考え方に立脚している。したがって、例えば「人間」を定義する場合には、動物を有足のものと無足のものに分け、有足のものを有翼のものと無翼のものに分け、云々、というふうに分割が進められることになる。したがって、定義は、一つの種差からなるのではなく、種差の系列からなることになる。そこで、「定義されたものの単一性」が再び問題になる。

この点に関しては、アリストテレスは、先のような分割の仕方は正しくなく、有足のものを分割する場合には足の特徴を種差として分割しなければならない、というふうに言う[*6]（1038a9-18）。そして、このように分割すれば、後の種差には必ず先の種差が含まれると言う。例えば、有足のものを二本足のものとそうでないものに分割したとすれば、「二本足」は「有足」を含んでいる、ということである。実際、「二本足の」と規定すれば、「有足の」という規定は必要ない。そこで、分割が正しく行なわれたとすれば、種差の系列の最後のもののうちに種差の系列全体が含まれていることになる。それゆえ、最後の一つの種差が形相あるいは本質であり、定義だということになる（以上、1038a18-26）。かくして、定義されたものの単一性が証明されたことになる。

定義されたものの単一性の問題は、第八巻第六章で再び論じられている。その議論は以下のようなものである（1045a23-33）。

〔動物と二本足のうちの〕一方〔動物〕は質料であり、他方〔二本足〕は形相であるとすると、あるいは、一方は可能態において〔二本足で〕あるものであり、他方は現実態において〔二本足で〕あるものであるとすると、探究されている問題はもはやアポリアではないと思われる。その理由は以下の通りである。仮に「球形の青銅」が「衣」の定義だとしても、[*7] 同様の問題が生じる。というのも、「衣」という名はこの定義を指す記号だということになり、したがって探究されている問題は「球形と青銅とが一なるものであることの原因は何か」であるから。だが、これはもはやアポリアとは思われない。なぜなら、一方〔青銅〕は質料であり、他方〔球〕は形相であるから。あるいは、可能態における球が現実態において球であることの原因は、二つのもの〔可能態における球と現実態における球〕それぞれの本質〔つまり、球という本質〕に他ならない。

要するに、「二本足の動物」という定義における動物と二本足の関係は質料と形相の関係、もしくは可能態と現実態の関係だと考えれば、そもそも「定義されたものの単一性」の問題は起こらない、ということである。だが、この説明は極めて難解である。人間における動物と二本足の関係が、球形の青銅における青銅と球の関係と同じであるということは、どのように理解すればよいのだろうか。あるいは、同じことであるが、人間の質料が動物で形相が二本足であるということは、どのように理解すればよいのだろうか。人間と球形の青銅を類比的に理解するとすれば、①人間の質料は骨や肉などであり、形相は人間の形態である、と言うべきであろう。そもそも「二本足の動物」は本質の定義であり、本質は形相であるから、②二本足が形相で動物が質料であるというふうに考えた場合には、二本足と動物は形相の形相と質料だということになる。それにまた、別の条りでは、③人間の形相は魂で質料は身体であると言われていた。この齟齬《そご》はどう理解すべきか。観点の相違によることと理解すべきか。そうであるとしてもそうでないとしても、動物と二本足、身体と魂、青銅と球の三対がすべて質料と形相の対だと言われる時、「質料」と「形相」という語が同じ意味で用いられているかどうかは疑問である。また、「可能態」と「現実態」による説明はさらに理解し難い。

だが、我々にはもっと不可解な点がある。そもそも、定義が類と種差からなる複合的なロゴスであるということから、なぜ、「定義されたものは単一なものであるか」という問題が生じるのであろうか。それは、「ロゴスは事物の写像であり、ロゴスの部分は事物の部分の写像である」という前提があるからであろう。[*8] だが、第一に、この前提自体に問題がある。[*9] 第二に、仮にこの前提を認めるとしても、類と種差からなるものの単一性がなぜ問題になるのかは理解し難い。そもそも類と種差による定義は、類の分割を通して知られるものであった。それは、基本的には、個物の集合を、共通な特徴（種差）によって分割するという方法であろう。そうだとすれば、分割を行なうのは我々人間であるから、種差は、我々人間がどのような特徴を種差と認識するかによって決まるものであり、それが定義されるべき形相あるいはその内容であるとは限らないだろう。つまり、分割は、対象のあり方よりはむしろ、我々人間の認識の仕方に依存しているのである。それゆえ、種差は形相に言わば「内在」するものではなく、形相（種）にとってはむしろ「外的」なものであるかも知れない。と言うより、その可能性の方がはるかに高いと言うべきであろう。実際、「二本足」は、人間の形相に「内在」するものというよりは、「外的」なものではないだろうか。そうだとすれば、類と種差は二つのものであるからと言って、これらによって定義された対象が――それを「種」と呼ぶにせよ「形相」と呼ぶにせよ[*10]――なぜ単一なものであるのかということを問題にするのは、問題の立て方自体が間違っていることになる。

もっとも、アリストテレスは、種差は形相に「外的」なものではなく「内的」なものでなければならない、と主張するかも知れない。だが、形相に「内的」な種差を我々はどのようにして把握することができるだろうか。少なくとも分割法によって把握することができるという保証はないだろう。それでは、アリストテレスは、この点に関してはどのように考えていたのであろうか。思うに、彼はそもそもこのような問題を考えていなかったのではないだろうか。というのも、形相に「内的」な種差は、事物のあり方に属するもの、あるいは、言わば「存在論的」な次元に属するものであるのに対して、分割法は、我々が事物をいかに認識するかという、言わば「認識論的」な次元に属するものであるが、アリストテレスの関心は専ら「存在論的」であり、彼には「認識論的」な観点が欠如しているか、あるいは極めて希薄であるように思われるからである。*11

三　形相は個別的なものか普遍的なものか（第七巻第十三章）

アリストテレスは、第七巻第三章においてウーシアーの候補の一つに普遍的なものを挙げたが［前章冒頭参照］、第七巻第十三章においては、普遍的なものはウーシアーではないと論じている。その議論は以下のようなものである（1038b9-16）。

個々のもののウーシアーは個々のものに固有なものであり、他のものには帰属しないが、普遍的なもの（*to katholou*）は共通なものである（なぜなら、複数のものに帰属するという本性を持つものが普遍的なものと言われるのであるから）。したがって、普遍的なものは個々のもののウーシアーではない。それにまた、ウーシアーは基体について言われないものであるが、普遍的なものはいつでも何らかの基体について言われる［それゆえ、普遍的なものはウーシアーではない］。

「基体について言われる」というのは「基体に述語づけられる」という意味である。したがって、先の引用文の後半部は、「ウーシアーは基体に述語づけられないが、普遍的なものは基体に述語づけられる」ということである。そうすると、ソクラテスのウーシアーは人間であるから、ソクラテスに人間は述語づけられないということになる。ただし、これは、「ソクラテスは人間である」とは言えないという意味ではなく、この言明はソクラテスに人間を述語づけたものではないという意味である。なぜこの言明はソクラテスに人間を述語づけたものでないのかについては既に述べたが〔前章第一節（3）参照〕、念のために繰り返すと、アリストテレスの考え方に従えば、xにFが述語づけられるのはxがFと同一のものでない場合であるが、ソクラテスとそのウーシアーすなわち本質としての人間は同一のものだからである。他方、普遍的なものとしての「人間」はソクラテスに述語づけられ、「ソクラテスは人間である」と言われる。したがって、「ソクラテスは人間である」という言明は、「人間」が本質を指すとすれば「同一性の言明」であり、「人間」が普遍的なものを指すとすれば「述語づけ」である、ということになる。

さて、先の議論によって、個々のもののウーシアーは普遍的なものではないということが示された。他方、個々のもののウーシアーは、アリストテレスの考え方に従えば、本質であり、形相である。したがって、本質あるいは形相は普遍的なものではないということになる。ところが、アリストテレスは、他方で、定義の対象は普遍的なものであると言い、個別的なものには定義はないとさえ主張している。しかるに、定義の対象もまた本質であり、形相であった。したがって、本質あるいは形相は普遍的なものであるということになる。これら二つの主張には矛盾があるように思われる。この矛盾はいかにして解消されるのであろうか。

この問題をめぐって、現代の多くの研究者たちがさまざまな解釈を試み、論争している。しかし、私には、この問題は擬似問題にすぎないように思われる。

既に述べたように、アリストテレスは、個別的実体のウーシアーと本質と形相は同じものだと考えている。しかるに、「個々のもののウーシアーは個々のものに固有なもの」であるから、個別的実体の本質あるいは形相も個別的実体に固有なものである。このことは、個別的実体の本質あるいは形相が普遍的なものではないということを意味する。したがって、個別的実体の本質あるいは形相は個別的なものだということになる。それでは、それは定義されえないということになるのだろうか。否。アリストテレスが個別的なものには定義はないと言う場合、それは、例えばソクラテスという個体に内在する、個別的な本質あるいは形相としての「人間」を定義することはできないという意味ではなく、ソクラテスという個体そのものを定義することはできないという意味なのである。なぜソクラテスという個体を定義することができないのかと言えば、それは、ソクラテスが普遍的なものでないからではなく、ソクラテスは質料と形相からなる結合体であり、質料は「不可知なるもの」、「不定なるもの」、「（しかじかのもので）あることもあらぬこともできるもの」だからなのである［註4参照］。それでは、定義の対象は普遍的なものであるのだから、ソクラテスの本質あるいは形相としての「人間」を定義することは、普遍的なものを定義することになるのだろうか。もしそうであるならば、いかなる意味で普遍的なものを定義することになるのであろうか。

すべての人間には同じ（人間の）本質あるいは形相が帰属しているはずである。したがって、例えばソクラテスの本質あるいは形相を定義したとすれば、それは他のあらゆる人間の本質あるいは形相の定義でもあるはずである。つまり、その定義はあらゆる人間の本質あるいは形相に「普遍的に」妥当する定義なのである。このような意味で、それは「普遍的なものの定義」とも言えるであろう。このように理解するならば、定義が「普遍的なものの定義」であるからと言って、定義の対象として、いかなる個別的実体にも帰属しない「普遍的なもの」が存在するということには、必ずしもならない。実際、アリストテレスは、「普遍的なものは個別的なものから離れて、一つのものとしては存在しない――なぜなら、一つのものは同時に複数のものに帰属しえないから」と言っている（第七巻第十六章 1040b25-27）。これは、要するに、次のような意味である。普遍的なものは複数の個別的なものに帰属する。そこで、もし普遍的なものが、それらの個別的なものから離れて、一つのものとして存在するならば[*12]、一つのものが同時に複数のものに帰属することになるが、それは不可能なことである。

とはいえ、アリストテレスは「普遍的なもの」という表現をしばしば用いる。それでは、この表現によってアリストテレスはどのようなものを考えているのであろうか。それを理解するには、彼が数学の対象について説明していることが参考になるだろう。それは以下のような説明である（第十三巻第三章 1077b17-1078a5）。

数学における普遍的な命題は、〔感覚的対象としての〕量や数から離存するものに関わるのではなく、〔感覚的対象としての〕量や数に関わるのである。ただし、「量を持っている」もしくは「可分である」というようなものである限りにおいてではない。したがって、感覚的対象としての量に関しても、感覚的対象である限りにおいてではなく、量である限りにおいて、ロゴスや論証がありうる。というのも、〔感覚的対象について〕それの「何であるか」や付帯的属性は度外視して、〈運動しているもの〉である限りにおいて、さまざまなことを論じることができるが、そうだからと言って、〈運動しているもの〉〔であってそれ以外の何ものでもないもの〕が感覚的対象から離れて存在しているということにはならないが、それと同様に、運動しているものについて、〈運動しているもの〉である限りにおいてではなく、〈立体〉である限りにおいて、あるいは〈面〉である限りにおいて、あるいは〈線〉である限りにおいて、あるいは〈可分なるもの〉である限りにおいて、あるいは〈不可分であるが位置を持つもの〉〔点〕である限りにおいて、あるいは〈不可分なるもの〉〔数の単位〉である限りにおいて、さまざまなことを論じることができる。したがって、例えば〈運動しているもの〉〔であってそれ以外の何ものでもないもの〕

のように、離存しえないものもある意味では「存在する」と言えるのと同様に、数学的対象もある意味では「存在している」と言える。そして、数学は感覚的事物を対象とするが、それが感覚的対象である限りにおいてではないし、だからと言って、感覚的対象とは別の、離存するものを対象とするわけでもない。

要するに、数学の対象は感覚的対象（例えば、紙に書かれた三角形）とは別に存在するわけではなく、差し当たっては感覚的対象が数学の対象なのであるが、感覚的対象そのものが数学の対象であるわけでなく、感覚的対象から言わば「抽象」によって把握されたものが数学の対象だということである。これと類比的に考えれば、アリストテレスは、普遍的なものを「抽象によって把握されたもの」と考えている、と理解することができる。

さて、アリストテレスの存在論についてやや詳細に論じたが、以上の論述は彼の存在論の一部にすぎない。しかしながら、アリストテレスの存在論を論じ尽くすには本書一冊分をはるかに越える紙数を要するので、アリストテレスにとっての「知恵の愛求」（*philosophia*）としての「哲学」とはどのようなものであったかを論述するという課題は以上で一応果せたこととして、次章では、アリストテレスにとって「知恵」とはどのようなものであったかについて、より正確に言えば、彼の「エピステーメー」概念について論じ、もって本書の締めくくりとしたい。

註

1　質料そのものが定義に含まれるわけでないことは言うまでもない。そこで、「質料の名」と言えばよさそうにも思われる。それなのに「質料のロゴス」と言っているのは、なぜだろうか。たぶん、定義が質料の名を含むということは、突き詰めれば、質料のロゴス（定義）を含むことになるからであろう。だが、「定義は質料の名もしくはロゴスを含む」という言い方は冗長なので、以下では、単に「定義は質料を含む」というような言い方もすることにする。

2　アリストテレスには質料を「個体化の原理」とするような考え方も見られるが、形相を質料によって「個体化」してもさまざまな付帯的属性を持った具体的な個物となるわけではないから、付帯的属性が言わば「具体的な個別性」を形成するのに対して、質料は言わば「抽象的な個体性」の原理にすぎない、というふうに言うことができるだろう。

3　第七巻第十章でも、「普遍的なものとしての人間や馬などは、普遍的なものとしての形相と質料からなる結合体である」（1035b27-30）と言われている。

4　別の条りでは、「質料は、それ自体としては、不可知なるものである」（第七巻第十章

1036a8-9）とか、「質料は（しかじかのもので）あることもあらぬことも可能である」（第七巻第十五章1039b29-30）という理由を挙げている。

5　ここで言う「音声」は、音素の「類」としての音声であるから、言わば音素の集合であり、どの音素でもないような、「雑音」とでも言うべき音声は含まない。

6　だが、このようなやり方ですべての動物を分類することが果たして可能かどうか、はなはだ疑問である。

7　「衣」は、意味は度外視して「球形の青銅」に与えられた仮の名である。前章註18参照。

8　本章第一節（**1**）の最初の引用文参照。ちなみに、これは現代の言語哲学において「写像理論」（Picture Theory）と呼ばれている考え方である。

9　例えば、ヴィトゲンシュタイン（一八八九－一九五一）が『論理哲学論考』において自ら提示した写像理論を後に批判して、「言語ゲーム理論」を打ち立てたことは夙《つと》に有名である。

10　ちなみに、ギリシャ語では「種」も「形相」も*eidos*である。

11　例えば質料と形相にしても、これらは事物のあり方を説明するための「存在論的」な概念であり、我々はこれらをいかにして認識しうるかということは、アリストテレスは問題にさえしない。

12　プラトンのイデアがそのようなものである、と少なくともアリストテレスは理解している。

第十五章

論証理論　『分析論後書』

アリストテレスは、『分析論後書』第一巻第二章において、エピステーメーを「論証による知」と規定している。論証（*apodeixis*）とは推論（*syllogismos*）の一種である。そこで、まずは推論について簡潔に説明しておこう。[*1]

一　推論について（『分析論前書』）

推論というのはいわゆる「三段論法」のことで、大前提と小前提から結論を演繹するものである。一例を挙げよう。[*2]

大前提：　すべての動物は死すべきものである
小前提：　すべての人間は動物である

結　論：　すべての人間は死すべきものである

この例では、大前提も小前提も結論も全称肯定命題であるが、前提もしくは結論となる命題は、全称と特称、肯定と否定の組み合わせによって、次の四種類に分けられる。

全称肯定命題：　すべてのＢはＡである（AaB）
特称肯定命題：　あるＢはＡである（AiB）
全称否定命題：　いかなるＢもＡでない（AeB）
特称否定命題：　あるＢはＡでない（AoB）

それぞれの命題は、後の（　）内に記した式で表される。[*3]この式を用いて先の例を書き直すと、次のようになる。

AaB & BaC → AaC[*4]（A：死すべきもの、B：動物、C：人間）

A、B、Cはそれぞれ「大項」「中項」「小項」と呼ばれる。

さて、大前提、小前提、結論はどれも全称肯定、特称肯定、全称否定、特称否定の四種類がありうるので、六十四（＝4×4×4）通りの組み合わせがあることになるが、どの組み合わせも推論として成り立つわけではない。推論として成り立つのは、次の四通りのみである。[*5]

AaB & BaC → AaC （Barbara）
AeB & BaC → AeC （Celarent）
AaB & BiC → AiC （Darii）
AeB & BiC → AoC （Ferio）

以上で説明したのは「第一格」と呼ばれる種類の推論であり、この他に「第二格」「第三格」と呼ばれる推論もあるが、[*6]「論証」の説明には特に必要はないので、いまはそれらの説明を割愛する。

以上で、「推論」とはどのようなものであるかが理解されたことと思う。

二　論証について（第一巻第二章）

『分析論後書』第一巻第二章において、アリストテレスはエピステーメーを次のように規定している（71b9-12）。

エピステーメーを持っていると言えるのは、（1）あることがらPが成立する原因cを——より正確に言えば、cがPの原因であるということを——知っており、（2）それ［P］[*7]が必然的であるということを知っている場合である。

これは、厳密に言えば、「定義」とは言えないが、以下ではこれを「エピステーメーの定義」と呼ぶことにする。

次に、アリストテレスは、論証とはエピステーメーをもたらす推論[*8]であると言い、論証の原理（究極の前提となるもの）の満たすべき条件を次のように述べている（71b20-22）。

論証の原理は、（1）真であり、（2）第一のものであり、（3）無中項なるもの

(*ameson*）であり、(4）結論よりもよく知られているものであり、(5）結論より先なるものであり、(6）結論の原因であるようなものでなければならない。

(1)「真である」という条件については説明するまでもないだろう。(2)「第一のものである」とは、「それより先なる（言い換えれば、それを論証するための前提となる）原理はない」ということであり、要するに「論証されえない」ということである。(3）の「無中項なるもの」というのは「中項がない命題」という意味であるが、それは、要するに、論証されえない命題のことである。というのも、ある命題（AaC）に中項（B）があるということは、その命題を論証する推論（AaB & BaC → AaC）があるということだからである。(4）原理が「結論よりもよく知られているもの」でなければならないのは、前提を知ることなしに結論を知ることはできないからである。(6）原理が「結論の原因」でなければならないのは、エピステーメーの定義によって、原因を知ることがエピステーメーの条件だからである。そして、原理は、結論の原因であるからには、(5)「結論より先なるもの」なのである。

さらに、アリストテレスは論証の原理を次のように分類する（72a14-24）。

まず、「何を学ぶにしても必ず所有していなければならない」ような原理を「公理」（*axiōma*）と呼び、そうでない原理を「定立」（*thesis*）と呼ぶ。[*9] そして「定立」を「定義」（*horismos*）と「基礎定立」（*hypothesis*）に分ける。「定義」とは「何であるか」を規定する命題であり、「基礎定立」とは、肯定的言明もしくはその否定のどちらか一方――例えば、「何かが存在している」もしくは「何かが存在していない」[*10]――を定立するものである。

以上は、論証についての形式的な説明である。この説明はいわゆる「ユークリッド幾何学」をモデルにしたものであろう。[*11] しかし、アリストテレスは幾何学（あるいは、数学）の体系を構想しているわけではなく、哲学的な論証体系を構想しているのであろう。それでは、アリストテレスは、具体的には、どのような論証体系を構想しているのであろうか。

第一に、論証体系を構築するためにはまず論証の原理を知らなければならないが、原理を知ることがそもそも可能かどうかが問題である。この点に関しては、アリストテレスは、第一巻第三章において、次のように論じている。ある論証の前提命題を別の前提命題から論証するというふうにして前提命題を言わば「遡って」行った場合、①無限に遡らなければならないか、②循環に陥るか、③論証されえない命題（すなわち、原理）に行き当たるかのいずれかであるが、①と②の場合は論証は成立しないことになる。しかし、エピステーメーが存在するのであるから、論証が成立しなければならない。それゆえ、③が正しい。――エピステーメーが存在するということを否定する人はいないであろうから、この議論は、一見、尤もらしく見える。しかしながら、この議論における「エピステーメー」は「論証によるエピステーメー」という意味であり、したがって、この議論は論証が可能であるということを前提しているのである。だが、まさにこの前提が正しいかどうかが問題なのである。第二に、アリストテレスが論証の原理を説明する際に挙げる例は、すべて数学の例であって、哲学的な例はない。第三に、原理を――とりわけ「論証されえない」ような原理を――我々はいかにして知りうるのか、あるいはむしろ、そもそも知りうるのか、ということについても、アリストテレスは何も説明していない。[*12] したがって、アリストテレスが論証の原理として具体的なものを考えていたかどうかは疑問である。それにまた、少なくとも彼の書き遺した書物のうちには哲学的な論証体系の具体例は一つも存在しない。おそらく、アリストテレスは、具体的な原理に基づく具体的な論証体系を実際に構築したわけではないのだろう。したがって、論証の原理についての先の説明は、具体的な論証体系を念頭に置いた説明ではなく、論証体系の理念もしくは理想を述べたものと理解すべきであろう。第一巻第六章における論証の原理ないし前提についての論述もそのことを示しているように思われる。それを次に取り上げよう。

三　論証の原理ないし前提について（第一巻第六章）

第一巻第六章において、アリストテレスは、論証について、まず次のように論じる（74b5-12）。

［A］もし、（1）論証によるエピステーメーは必然的な原理から論証されるとするならば（なぜなら、エピステーメーの対象は必然的なことでなければならないから）[*13]、そして、（2）事物に自体的に帰属する[*14]ものがその事物に必然的に帰属するものであるとするならば、（3）論証は自体的に帰属するものからの論証であるということに

なる。なぜなら、(4)事物に帰属するものは自体的に帰属するか付帯的に帰属するかのいずれかであり、付帯的に帰属するものは必然的に帰属するものではないからである。

この論述においては、(1)と(2)と(4)から(3)が帰結すると論じられているのであるが、(1)においては、アリストテレスは、必然的な原理からの論証は実際に遂行しうると仮定している(言い換えれば、実際に遂行しうると主張しているわけではない、ということである)。そして、「原理」に「必然的な」という限定を付けたことを、エピステーメーの定義に基づくと説明している。(2)は、条件節の一部ではあるが、実は既に第四章で論じられたことである。それゆえ、(2)を仮定と見做す必要はないだろう。(4)も、明らかに、仮定ではない。したがって、先の文では、(1)における仮定からの帰結が(3)で述べられていることになる。だが、なぜ原理からの論証が実際に遂行しうるということを仮定として述べているのだろうか。それは、先にも述べたように、アリストテレス自身が論証の具体的原理を知っていたわけでもなければ、原理からの論証を実際に行なったわけでもないからであろう。このように考えれば、論証の遂行可能性が仮定として述べられていることも理解できる。それぱかりでなく、先の引用文に続く一節も、原理からの論証が彼にとって現実的なものでなかったことを示唆しているように思われる。その一節とは、次のようなものである（74b13-15,18-21）。

［B］以上のように論じるべきか、はたまた、最初に次のように仮説して論じるべき[*15]か。（1）論証は必然的なことがらを対象とする、言い換えれば論証されたことがら［結論］は必然的なことがらである。したがって、（2）論証の前提は必然的なことがらでなければならない。（3）なぜなら、真なる前提からの推論は論証であるとは限らないが、必然的な前提からの推論は論証以外の何ものでもないからである。……（4）論証の前提が必然的命題であることの証拠は、論証に反論する場合には前提が必然的でないと反論するという事実である。

この説明は仮説に基づく説明だと言われているが、仮定に基づく説明ではない。実際、（1）と（2）は「したがって」という接続詞でつながれているので、（1）は仮定であるように見えるかも知れないが、（1）は、エピステーメーの定義によることであるから、仮定ではない。さらに、（４）は、実際に論証が行なわれ、それが反論されたことがあるという事実があるということを示唆しているので、論証は実際に遂行可能であるということを含意しているように思われる。もっとも、反論された論証は、真の意味での「論証」ではないであろうが。しかし、（４）は、アリストテレスから見て「論証」と呼べるものが実際に行なわれたことがあるということを示唆しているように思われる。[16] また、論証は、第一巻第二章の説明によれば、原理から出発して結論を論証するもの（これを「原理からの論証」と呼ぶことにする）であったが、先の引用文（１）では、結論が必然的命題であるから前提も必然的命題でなければならないというふうに説明されており、この説明の仕方は「結論から前提へ」という、言わば「逆」の方向を示している。さらに、この条りでは「（論証の）原理」という語はまったく用いられていない。

　これらのことから判断すると、ここで「論証」と言われているものは、「原理からの論証」ではなく、与えられた命題を結論とする前提を探求し、必要な前提が発見さればそれに基づいて論証を構成するという、言わば「逆向き」の論証（これを「結論からの論証」と呼ぶことにする）のことだと思われる。[17] そうだとすれば、前提の探求は必ずしも原理にまで遡るとは限らないので、[18]「結論からの論証」を（第二章で規定された意味での）「論証」と呼べるかどうかが問題となる。仮に「結論から前提へ」という方向の探求を究極にまで推し進めて「原理」にまで到達しえたとすれば、原理から出発して結論を導き出す推論を提示することができるから、（第二章で規定された意味での）「論証」が行なわれることになるだろう。だが、「原理」に到達することができるとは限らないし、そもそも先の説明は「原理」を視野に入れてさえいない。それゆえに、仮説に基づく説明だと言われているのであろう。

以上に述べたことをまとめると、アリストテレスは、「原理からの論証」が実際に遂行可能だと確信していたわけではないが（引用文［A］参照）、「結論からの論証」なら実際に遂行可能だと考えていた（引用文［B］参照）、と言えるように思われる。

ところで、「結論からの論証」とは、先にも述べたように、与えられた命題を結論とする前提を発見することによって遂行される論証であるが、「前提の発見」は「中項の発見」と言い換えることができる。なぜなら、与えられた命題「AaC」について、その（論証の）中項は「B」であるということが発見されれば、直ちに、「AaB & BaC → AaC」という論証を遂行することができるからである。このような方式での論証の例を、アリストテレスはいくつか挙げている。例えば次のような例がある。

①A：月蝕　B：地球による太陽光線の遮蔽　C：月
大前提：すべての〈地球による太陽光線の遮蔽〉に月蝕が帰属する（AaB）
小前提：（ある）月[*19]に〈地球による太陽光線の遮蔽〉が帰属する（BiC）
結　論：（ある）月に月蝕が帰属する（AiC）

②A：雷鳴　B：雲の中で火が消えること　C：雲
大前提：すべての〈雲の中で火が消えること〉に雷鳴が帰属する（AaB）
小前提：（ある）雲に〈雲の中で火が消えること〉が帰属する（BiC）
結　論：（ある）雲に雷鳴が帰属する（AiC）

③A：落葉　B：樹液の凝結　C：広葉樹
大前提：すべての〈樹液の凝結〉に落葉が帰属する（AaB）
小前提：すべての広葉樹に〈樹液の凝結〉が帰属する（BaC）

結　論：すべての広葉樹に落葉が帰属する（AaC）

だが、これらが厳密な意味で「論証」と言えるかどうかは疑問である。というのも、論証の前提は必然的命題でなければならないが、どの例においても、小前提は必然的命題とは思えないからである（もっとも、③の小前提は、「秋には」という限定を付ければ必然的命題と見做しうるかも知れないが）。そうすると、与えられた命題の（論証の）中項を発見するという方式の論証は遂行可能であるということも怪しくなってくる。もっとも、先の例は説明のための例にすぎず、アリストテレス自身も論証の例として適切だとは考えていなかったのかも知れない。だが、もしそうだとすれば、なぜ適切な例を挙げないのか。それは、アリストテレス自身も論証の適切な例を知らなかったからではないだろうか。そうだとすれば、この方式の論証も、実際に遂行可能であるかどうかは疑わしいことになる。

四　論証体系としての学（第一巻第十章）

先に、アリストテレスは具体的な論証体系を考えてはいなかったのであろうと述べたが、第十章において、論証体系としての学について、抽象的あるいは一般的に論じている。以下でそれを取り上げよう。

アリストテレスは、論証的な学（*apodeiktikē epistēmē*）は次の三つのものに関わると言う[*20]（76b11-16）（これらを「論証の三要素」と呼ぶことにする）。

①存在すると定立されるもの、すなわち類

②公理

③属性

類と属性については、次のように説明されている（76b3-11）。

類は、それぞれの学に固有なものである。例えば、算術においては単位が、幾何学においては点や線が、そのようなものである。これらが「存在すること」と、これらが「何を意味するか」は、承認が取り付けられる。

類の自体的属性に関しては、それぞれが「何を意味するか」については承認が取り付けられる。例えば、算術は「奇数」「偶数」「平方数」「立方数」が「何を意味するか」について、幾何学は「通約不可能」「屈折する」「ある点に向かう」が「何を意味するか」について承認を取り付け、これらの「存在すること」については公理によって、または既に論証されたことがらに基づいて、論証する。

以上の説明から明らかなように、類は論証において「小項」になり、属性は「大項」になる。そして、類については「存在すること」と「何を意味するか」は承認が取り付けられ、属性については、「何を意味するか」は承認が取り付けられ、「存在すること」は論証される、と言われている。公理については先に引用した条りでは何も述べられていないが、第十章の冒頭部で、原理について、「何を意味するか」も「存在すること」も承認が取り付けられると述べられており（76a31-34）、他方、公理は原理であるから、公理についても「何を意味するか」も「存在すること」[*21]も承認が取り付けられる、と理解してよいだろう。そうすると、論証において「承認が取り付けられる」ことと「論証される」ことは、整理すれば表15-1のようになる。

属性の「存在すること」とは、それが論証されると言われているのであるから、文字通りの意味での「属性の存在」ではなく、「ある属性がある類に帰属すること」を意味すると理解すべきであろう。そうすると、論証体系としての学における論証は、「ある類にある属性が帰属する」ということ（論証の結論）を、公理に基づいて、論証するという構造を持つ、ということになる。したがって、ここで「論証」と言われているものは「結論からの論証」である。

ところで、第一巻第二章では、論証の原理として、公理と定義と基礎定立の三つが挙げられていた。これら三つの原理と、第十章で挙げられている論証の三要素は、どのような関係にあるのだろうか。例えば、類と属性の「何を意味するか」が定義であり、類の「存在すること」が基礎定立（*hypothesis*）である、[*22]というふうに対応づけることもできるかも知れない。しかしながら、第二章は「原理からの論証」の話であるのに対して、第十章は「結論からの論証」の話であるから、第十章の論証の三要素を第二章の論証の原理に対応

	存在すること	何を意味するか
類	承認	承認
公理	承認	承認
属性	論証	承認

表15-1　「承認される」ことと「論証される」こと

づける必要はないだろう。[23]

以上で、論証体系としての学における論証はどのように行なわれるかが説明された。ここでも、説明は数学をモデルにして行なわれている。[24] だが、アリストテレスの論証理論は、既に述べたように、数学のための理論ではない。したがって、論証の三要素は具体的にはどのようなものなのか、という問題は残されたままである。

五　論証の原理はいかにして知られるか（第二巻第十九章）

最後に、論証の原理がどのようにして知られるかという問題に関するアリストテレスの説明を取り上げよう。というのも、この問題が解決されれば、我々自身が論証の原理を具体的に知る可能性が開かれるかも知れないからである。この問題に関しては、アリストテレスは『分析論後書』の最終章（第二巻第十九章）において、一応の説明を与えている。それは以下のような説明である[25]（100a14-b5 & 100a3-9）。

例えば人間を初めて見た時、魂のうちに普遍的なものが記憶される。というのも、感覚認識の対象は個別的なものであるが、感覚認識の内容は普遍的なものだからである。つまり、感覚認識の内容は例えば人間であって、人間カリアースではない。そのような記憶が多数蓄えられると、個々の人間における特殊なものが捨象され、抽象的で普遍的なものの記憶となる。こうして、あらゆる普遍的なものが魂のうちで安定すると、そこからエピステーメーの原理（論証の原理）が生じる。したがって、論証の原理は帰納によって知られる、ということになる。

この説明では、まず感覚認識に基づいて抽象的な概念を獲得する過程が説明されている。そこで、論証の原理は抽象概念であると言っているようにも見える。だが、論証の原理は、第一巻第二章の説明によれば、公理と定義と基礎定立であった。そのようなものが、先に説明されたような仕方で獲得される抽象概念であるとは思えない。だが、先の説明における「あらゆる普遍的なものが魂のうちで安定すると、そこからエピステーメーの原理（論証の原理）が生じる」という言い方は、抽象概念そのものが論証の原理なのではなく、抽象概念から論証の原理が生じるという意味なのかも知れない。そうだとすると、論証の原理としてアリストテレスが具体的にはどのようなものを考えているのかは、やはり不明である。

第十九章の最後で、アリストテレスは何が論証の原理を知るのかについて、次のように論じている（100b5-17）。

論証の知はエピステーメーであるが、論証の原理は論証よりもよく知られているものであるから、[*26] 論証の原理の知はエピステーメーより優れたものでなければならない。そのようなものは理性（*nous*）を措いて他にはない。

*nous*というギリシャ語は、直観的な認識を行なう機能を意味する。このことから判断すれば、アリストテレスは論証の原理としてやはり抽象概念を考えているのかも知れない。そのような考え方の問題点については、既に述べた。

以上でアリストテレスの論証理論はほぼ理解されたことと思う。ただし、念のために繰り返しておくが、それは理念的あるいは理想的な論証体系についての理論であって、具体性に欠けるものである。そうだとすれば、「論証による知」としてのエピステーメーもまた、理念的あるいは理想的なものだということになるだろう。そうすると、この点ではプラトンの（最も厳密な意味での）エピステーメーと同じだということになる。ただし、アリストテレス自身がエピステーメーを理念的あるいは理想的なものと考えていたかどうかはわからない。

最後に、プラトンとアリストテレスの重大な違いについて、一言述べておこう。プラトンは、数学を「仮説」からの演繹と捉えていた［第五章第二節参照］。それに対して、アリストテレスの論証理論には――先にも述べたように、数学をモデルにしているにも拘らず――「仮説」という発想がまったくない。それゆえ、アリストテレスの論証理論は、遂行不可能な理念的・理想的な論証の理論とならざるをえなかったのではないだろうか。むろん、そのような理論にもそれなりの価値はあるだろう。だが、仮にアリストテレスが「仮説」という発想を取り入れたとすれば、もっと現実的な理論を提示することができたのではないだろうか。

註

1　推論については『分析論前書』第一巻第四‐六章で説明されている。

2 三段論法の例として「ソクラテスは人間である、人間は死すべきものである、ゆえにソクラテスは死すべきものである」というように、個物についての例が挙げられることがあるが、アリストテレスの推論においては前提命題は全称命題か特称命題であり、単称命題（個物を主語とする命題）が前提命題となることはない。

3 これは中世に確立された表記法である。小文字のaとiは、「肯定する」を意味するラテン語'affirmo'の第一番目と第二番目の母音に由来するもので、それぞれ全称肯定と特称肯定を意味し、eとoは、「否定する」を意味するラテン語'nego'の第一番目と第二番目の母音に由来するもので、それぞれ全称否定と特称否定を意味する。なお、述語（A）が先におかれ、主語（B）が後におかれている点に注意。

4 表記の仕方はいろいろあるが、本書ではこの方式を採る。最初の式が大前提、二番目の式が小前提、矢印の後の式が結論を表す。

5 後の（）内の語は、中世の論理学においてこれらの推論式に与えられた名称である。それぞれの名称のそれぞれの文字に意味があるが、母音だけに注目して先の式と見比べていただければ十分だろう。

6 その違いは中項の位置による。参考のために、第二格と第三格の推論式を一つずつ挙げておこう。

第二格　AeB & AaC → BeC　(Cesare)

第三格　AaC & BaC → AiB　(Darapti)

結論に含まれていない項が中項である。それぞれの前提部における中項の位置が第一格とは異なることを確認していただきたい。

7 「それ」が何を指すかについてはさまざまな解釈があるが、いまは先のように解釈しておく。

8 論証に用いられる推論式は、基本的にはBarbaraである。

9 「定立」と「公理」の違いは、特定の論証体系（例えば、幾何学や算術など）に固有な原理であるか否かの違いである。そうだとすれば、「公理」とは論理学的な原理（例えば、矛盾律や排中律など）だということになるように思われるが、第一巻第十章においては、「等しいものから等しいものを取り去った残りは等しい」ということが、幾何学にも数論にも「共通なもの」として挙げられている（76a41-b2）。ただし、後述するように、第十章におけるアリストテレスの考え方は第二章におけるそれとは異なるのかも知れない。いずれにせよ、第二章においてアリストテレスが具体的にはどのような「公理」を考えていたのかは、あるいは、そもそも具体的な「公理」を考えていたのかどうかも、不明である。

10 主語の「何か」は、必ずしももの（例えば、単位とか点など）に限定する必要はなく、命題によって表現されるような事態であってもよい、と理解すべきであろう。その場合は「存在している」は「成立している」という意味になる。

11 ユークリッド（ギリシャ名はエウクレイデース、紀元前三〇〇年頃の人）がいわゆる「ユークリッド幾何学」を集大成した『原論』を著したのはアリストテレスより後のことであるが、いわゆる「ユークリッド幾何学」はアリストテレスの時代に既に存在していた。

12 第二巻第十九章に一応の説明らしきものがあるが、それについては後述する。

13 これは、第二節の冒頭で述べたエピステーメーの定義によることである。

14 「帰属する」ということばについて一言説明するならば、「すべてのBはAである」(AaB)ということを、アリストテレスは「すべてのBにAが帰属する」というふうにも言う。

15 *thesthai*という語が用いられているが、この場合は*hypothesthai*(「仮説する」)と同義と見做してよいだろう。

16 おそらく、幾何学や算術における証明は、アリストテレスから見て「論証」と呼べるものだったのであろう。

17 幾何学における証明も、例えば「三角形の内角の和は二直角である」ということを証明する場合には、これを結論とするような前提を探求し、発見した後に、その前提から結論を導出する論証を構成するという仕方で遂行される。

18 幾何学における証明(論証)の際にも、前提の探求は、通常は、原理にまでは遡らない。したがって、幾何学における論証は、通常は、「原理からの論証」ではない。

19 「(ある)」は私が補った。「ある月」という表現は奇妙に感じられるかも知れないが、例えば各瞬間の月を一つと数えるというふうに考えれば、このような言い方も許されるだろう。

20 第一巻第七章でも、これら三つのものが挙げられている(75a39-b2)。ただ、①に当たるものは「基礎定立された類」と言われ、③に当たるものは「論証されること、結論(何らかの類に自体的に帰属するもの)」と述べられている。

21 公理の「存在すること」というのは「真であること」という意味に理解すべきであろう。

22 類については、「存在することが定立される」と言われていたし、第七章では「基礎定立された類」と言われていた［註20参照］。

23 第十章では、論証の三要素について「承認が取り付けられる」(*lambanesthai*)、「承認を取り付ける」(*lambanein*) という表現が用いられているが、これらも、明らかに、「原理からの論証」とは異なる観点に立っていることを示している。

24 先の説明がそのまま数学に当てはまるかどうかは、実はいささか疑わしい。というのも、先の説明によれば、論証における命題はすべて「類に属性が帰属する」という形式になるが、数学の命題がすべてこのような形式であるわけではないからである。例えば「三角形の内角の和は二直角である」という命題はこの形式ではない。そこで、アリストテレスは、この命題を説明のための例として用いる際には、「三角形に二直角が帰属する」と表現する。だが、数学の証明をすべてアリストテレスの「論証」の形式に書き直すことはほとんど不可能であろう。

25 アリストテレス自身の説明は極めてわかりにくい。したがって、以下の説明は、テキストの単純な翻訳でも要約でもなく、私自身の解釈を交えた要約である。

26 なぜなら、ある論証の原理が知られていなければ、論証そのものを知ることもできないからである。

本章に関しては、河谷敦君に草稿を読んでもらい、同君の意見を参考にさせていただいた。ただし、本章の論述の最終的な責任はすべて私にある。

あとがき

本書の目的は文字通りの意味での「哲学の原点」を――すなわち、二千四百有余年の哲学の歴史の出発点において哲学はどのようなものとして始まったかを――論述することである。この意味での「哲学の原点」を最初に形成したのは紀元前五～四世紀のギリシャのアテーナイのソクラテスとプラトンである。なぜ二人の名前を並べて挙げたかと言うと、ソクラテスは自分の哲学を書物として書き残さなかったので、我々はそれを主としてプラトンの作品から読み取るほかないのであるが、そのプラトンの作品においては、その多くがソクラテスを主役とする対話篇という形で書かれており、プラトン自身が話者として登場することはまったくないので、プラトンはソクラテスを自らの代弁者として登場させている場合が少なくないと思われ、ソクラテスの哲学とプラトン自身の哲学が渾然一体となっていて両者を截然と区別することが困難であると思われるからである（明確に区別することができるものもむろんあるが）。

本書では主題的には論じなかったことを、この機会に少しく補っておきたい。ソクラテスとプラトンの哲学の根本問題は、一言で言えば、「いかに生きるべきか」という倫理学的な問題である。この問題に関して、彼らは「哲学者は徳（正義・節度・勇気・知恵）の涵養に努め、有徳な生き方をするべきである」と考えた。他方、彼らは「徳は知なり」と考えた。これは、真の徳は知恵に基礎づけられていなければならないということである。どういうことか。彼らは次のように考えたのである。すなわち、生まれつきとか訓育とか訓練によって身に付いた徳は不安定で喪失される可能性があるが、知恵に基礎づけられた徳は確固としたもので喪失される可能性はないので、これこそが真の徳である、と。したがって、彼らにとって哲学とは文字通りの意味での *philosophia* すなわち「知恵の愛求」だったのである（プラトンの倫理学的な議論に関しては、私は『正義と幸福――プラトンの倫理思想』〔東京大学出版会、二〇〇三〕を上梓したが、更に『幸福と快楽』および『プラトンの『法律』の現実的理想国家論』という標題〔仮題〕の著書を準備しており、それらはほぼ完成の域に達している）。彼らに続いて、プラトンの弟子のアリストテレスも「知恵の愛求」としての哲学に取り組んだ。しかし、ソクラテスとプラトンが倫理学的・道徳的な観点から「知恵」を愛求したのに対して、アリストテレスが探究した「知恵」は主として理論的な知恵である。そこで彼は、哲学の問題領域を論理学、自然学、形而上学などへと大幅に広げ、それらが後世の哲学の重要なテーマを構成することになった。ただし、彼自身の哲学理論自体は現代ではもはや通用しないものが少なくない。

本書は、一九九九年度から二〇〇八年度までの十年間放送大学で行なった講義（ラジオ放送）の印刷教材『ギリシャ哲学――哲学の原点』に必要最小限の加筆・修正を施したものである。本書を「放送大学叢書」の一書に加えてくださったことには関係諸氏に感謝申し上げる。なお、加筆・修正に当たっては編集者の東辻浩太郎氏に有意義なご助言と根気強いご支援・ご協力をいただいた。ここに記して感謝申し上げる。

本書が底本としたのはプラトンとアリストテレスの作品のギリシャ語原典（*Oxford Classical Texts*）である。また、参考文献としたのはもっぱら欧米の研究書・論文であるので（その一部は註の中で挙げた）、それらを挙げても読者に有益な情報とはならないであろうから、参考文献は割愛する。ただ、本書第一～十章の論述に関しては、もっと詳細な説明に興味のある方は拙著『イデアとエピステーメー――プラトン哲学の発展史的研究』（東京大学出版会、一九九八）を参照していただきたい。

二〇一六年五月

天野正幸

創刊の辞

この叢書は、これまでに放送大学の授業で用いられた印刷教材つまりテキストの一部を、再録する形で作成されたものである。一旦作成されたテキストは、これを用いて同時に放映されるテレビ、ラジオ（一部インターネット）の放送教材が一般に四年間で閉講される関係で、やはり四年間でその使命を終える仕組みになっている。使命を終えたテキストは、それ以後世の中に登場することはない。これでは、あまりにもったいないという声が、近年、大学の内外で起こってきた。というのも放送大学のテキストは、関係する教員がその優れた研究業績を基に時間とエネルギーをかけ、文字通り精魂をこめ執筆したものだからである。これらのテキストの中には、世間で出版業界によって刊行されている新書、叢書の類と比較して遜色のない、否それを凌駕する内容のものが数多あると自負している。本叢書が豊かな文化的教養の書として、多数の読者に迎えられることを切望してやまない。

二〇〇九年二月

放送大学長　石　弘光

放送大学

学びたい人すべてに開かれた
遠隔教育の大学

〒261-8586 千葉市美浜区若葉2-11
Tel: 043-276-5111　Fax: 043-297-2781　www.ouj.ac.jp

天野 正幸（あまの・まさゆき）
ギリシャ哲学。東京大学名誉教授。主な著書に『イデアとエピステーメー ― プラトン哲学の発展史的研究』『正義と幸福 ― プラトンの倫理思想』（東京大学出版会）がある。

1947年　兵庫県西宮市生まれ
1975年　東京大学大学院人文科学研究科哲学専攻博士課程中途退学
　　　　山形大学人文学部講師
1981年　同大学助教授
1985年　東北大学文学部助教授
1989年　東京大学文学部助教授
1993年　同大学教授
1999年　放送大学客員教授
2012年　東京大学名誉教授

シリーズ企画：放送大学

哲学の原点
ソクラテス・プラトン・アリストテレスの知恵の愛求としての哲学

2016年6月30日　第一刷発行

著者　天野正幸

発行者　小柳学

発行所　株式会社左右社
〒150-0002 東京都渋谷区渋谷2-7-6-502
Tel: 03-3486-6583　Fax: 03-3486-6584
http://www.sayusha.com

装幀　松田行正＋杉本聖士

印刷・製本　中央精版印刷株式会社

Printed in Japan ISBN978-4-86528-149-1

放送大学叢書

音楽家はいかに心を描いたか　バッハ、モーツァルト、ベートヴェン、シューベルト
笠原潔　定価一六一九円＋税

茶の湯といけばなの歴史　日本の生活文化
熊倉功夫　定価一七一四円＋税〈三刷〉

徒然草をどう読むか
島内裕子　定価一五二四円＋税〈三刷〉

自己を見つめる
渡邊二郎　定価一六一九円＋税〈三刷〉

人間らしく生きる　現代の貧困とセーフティネット
杉村宏　定価一五二四円＋税

教育の方法
佐藤学　定価一五二四円＋税〈八刷〉

〈科学の発想〉をたずねて　自然哲学から現代科学まで
橋本毅彦　定価一六一九円＋税〈二刷〉

少年非行　社会はどう処遇しているか
鮎川潤　定価一八〇〇円＋税〈二刷〉

家族と法　比較家族法への招待
大村敦志　定価一八〇〇円＋税

芸術は世界の力である
青山昌文　定価一九〇〇円＋税

立憲主義について　成立過程と現代
佐藤幸治　定価一八〇〇円＋税〈四刷〉

心をめぐるパラダイム　人工知能はいかに可能か
西川泰夫　定価一八〇〇円＋税

科学の考え方　論理・作法・技術
濱田嘉昭　定価一八〇〇円＋税

ミュージックスとの付き合い方　民族音楽学の拡がり
徳丸吉彦　定価二二〇〇円＋税